KB161437

당신은 좋은 사람입니다

당신은 좋은 사람입니다

윤혜진 지음

PlanB
DESIGN

목차

#1

관계의 성벽

마음을 열다

화 좀 더 낼걸

대화의 원칙

관계를 열다

사람 보는 눈

관계를 보는 네 가지 관점

지금 이대로 좋다

당신에게 좋은 사람은 어떤 사람인가? '좋다'는 말은 중립적이다. 좋은 사람을 상상하며 떠오른 단어들의 동의어도 아니고 그렇다고 '싫다'의 반대말은 더더욱 아니다. '지금 이대로' 좋다. 어딘가 문득 부족한 느낌이 든다면 그것은 당신이 세상의 일부라는 반가운 신호인지도 모른다. 세상의 모든 것에는 조금씩 부족한 틈이 있고 그래서 서로 맞물려 살아갈 수 있기 때문이다. 사람들은 이것을 '관계'라고 부른다. 숨기거나 과장하지 않아도 당신이 좋은 사람인 줄을 아는 누군가가 항상 곁에서 온 마음을 다해 당신을 바라보고 있다.

관계를 고민하는 많은 사람들이 다른 누군가와 연결되는 것을 망설이고, 누군가 자신을 힘들게 해서 지쳤다고 말한다. 하지만 인간관계의 가장 큰 반전은 상대방은 자신의 모습을 그대로 비추는 거울이라는 것과 자신도 누군가의 거울이 되어 그 사람을 비추고 있다는 사실이다. 우리는 평소에 자신을 보는 방식대로 타인을 인식하고, 자신에게 가장 익숙한 그 방식대로 다른 사람을 대한다. 그래서 자신이 좋은 사람인 줄을 아는 사람은 다른 사람도 그렇다는 것을 안다.

언제, 어디서, 누구와 함께 있든지

그리고 혼자 있을 때도 절대 잊지 마세요.

당신은 지금 이대로, 충분히 좋은 사람입니다.

참 좋은 사람 ＿＿＿＿＿＿＿ 에게 ＿＿＿＿＿＿＿ 드림

#1

관계의
성벽

나르시스
신화

| 백조를 모르는 미운 오리 새끼 |

'나르시시즘Narcissism'은 연못에 비친 자신의 모습에 반해서 결국 물에 빠져 죽었다는 신화 속의 인물 '나르시스'에서 따온 말이다. 흔히 '나르시스'를 '자기애의 끝판왕'이라고 생각하지만 프랑스 철학자 파브리스 미달은 그를 가리켜 '자신의 사랑스러움을 몰랐던 미운 오리 새끼'라고 말했다. 신화에서 나르시스의 어머니는 아들이 자기 자신의 모습을 보면 일찍 죽는다는 예언을 듣고 온 강물에 이끼를 덮어버린다. 그래서 나르시스는 청년이 될 때까지 자신의 모습을 제대로 본 적이 없었다. 그는 자신이 얼마나 아름다운지 몰랐기 때문에 주변의 찬사를 있는 그대로 받아들일 수가 없었다. 요정들의 구애를 무시한 대가로 나르시스는 저주를 받아 어느 날 우연히 물에 비친 자신의 모습을 보게 된다. 그리고 그는 예언대로 자신의 모습과 사랑에 빠져 짧은 생을 마감한다.

우리는 누구나 마음 속에 자신만의 나르시스를 품고 산다. 자신의 아름다움을 스스로 발견하지 못하면 주변에서 아무리 좋게 말해주어도 그대로 믿을 수가 없다. 그래서 있는 그대로의 모습을 드러내지 못하고 사랑받을만한 존재로 자신을 꾸며내어 그 모습에 빠져들기도 한다. 심리학에서 나르시시즘Narcissism은 자신을 표현하는 방식에 따라 크게 두 가지로 나뉘는데 하나는 "나는 대단해!"라고 겉으로 과시하는 '외현적 자기애'이고, 다른 하나는 '나는 대단한데...' 하고 속으로 생각하는 '내현적 자기애'다. 전자의 경우, 겉보기에 자신감 넘쳐 보이지만 속으로는 타인의 인정 위에 아슬아슬하게 서 있는 자존심을 지탱하려고 자신을 과대포장하는 경향이 있다. 반면 후자는 자신을 전면에 내세우는 대신 주변 상황을 이용하여 자신을 우월한 존재로 보이려고 한다.

"나는 대단해!" 라고 겉으로 과시하는 외현적 자기애 overt narcissism

'나는 대단한데...' 하고 속으로 되뇌는 내현적 자기애 covert narcissism

최근 연구에서는 이 구분을 좀 더 세분화하기도 하는데, 나르시시즘이 악성으로 발전하면 사람들을 조종하여 자신의 인정욕구를 충족시키고 남들을 괴롭히면서 우월감을 느끼거나malignant narcissism 반대로 이타주의자의 모습으로 둔갑하여 자신은 세상을 돕는 대단한 사람임을 과시하기도 한다communal narcissism. 불쌍한 유기견을 거두어 키우던 착한 사람이 어느 날 갑자기 동물 학대로 신고를 당하거나 집안일은 뒷전이면서 자원봉사센터에서 헌신적으로 일하는 사람들이 그 예다.

그렇다면 SNS에서 온통 자기 자랑을 늘어놓는 사람들은 정말로 자신이 사랑스러워 어쩔 줄 모르는 것일까? 그들의 계정에 업로드된 이미지는 댓글과 공감 클릭을 통해 그들의 진짜 모습으로 탈바꿈되고, 이때 다른 사람의 역할은 잘 꾸며진 모습에 '좋아요'를 누르는 것으로 끝나버린다. 이들에게 SNS는 '사회적 관계망'이라는 명칭이 무색하게도 그들의 인정욕구를 채워주는 공간에 지나지 않는다. 이러한 일방적인 자기 표현은 현대인의 공감력을 떨어트리는 데 크게 영향을 미친다. 실제로 SNS가 대유행하기 시작한 2000년대 초반부터 사람들의 자기중심성이 급격히 높아졌다는 연구가 이를 뒷받침하고 있다. 타인의 인정에 목마른 사람들은 누군가를 이용하여 자신의 이미지를 부풀릴 수 있다면 망설이지 않고 상대방을 들러리로 세우기도 하는데, 이때도 역시 다른 사람은 자신의 존재를 증명하기 위한 수단에 불과하다.

이들과의 관계가 공허하게 느껴지는 것은 무엇 때문일까? 이것은 상대와 의미 있는 관계로 연결되고 싶어 하는 인간의 본성과 관련이 있다. 그래서 누군가와 아무리 오랜 시간을 함께해도 '우리'로 연결되려는 기미가 보이지 않거나 언제나 혼자서도 충분해 보이는 사람과는 관계 맺기를 포기하게 되는 것이다. 누군가 자신에게 비밀 이야기를 털어놓거나 항상 자신을 상냥하게 대하는 사람을 만나면 마치 상대방과 특별한 관계가 된 것 같았다가도 어느 순간 자신의 역할이 그저 상대방의 이야기를 들어주거나 그의 인정 욕구를 채워주는 것에 불과하다는 것을 알게 되면 사람들은 자신에게 의미 있는 관계를 찾아 떠나버린다. 수많은 사람에 둘러싸여서도 외롭다면 아마도 이 때문일 것이다.

응급실에서는 과다출혈로 위중한 환자가 발생하면 장기 위로 혈액을 쏟아붓듯 수혈한다. 다른 사람에게 인정받지 못하면 금방이라도 존재가 사라져버릴 것은 사람들에게 SNS에서 쏟아지는 '좋아요'와 '댓글'은 위태롭게 뛰는 심장에 혈액을 퍼붓는 것과도 같다. 자신을 스스로 인정할 수 없는 사람들은 외부에서 끊임없이 '인정'을 공급받아야 살 수 있기 때문이다. 거침없이 행동하는 것처럼 보이는 겉모습 뒤로 이런 응급상황을 매 순간 겪으려니 이들이 관계에서 피곤함을 느끼는 것도 어찌 보면 당연하다. 자존감 과다출혈을 겪는 이들에게는 어쩌면 현실을 직시하라는 따끔한 충고보다는 따뜻한 위로가 필요할지도 모른다.

| 나한테 어떻게 이럴 수 있어? |

반면 겉보기에는 소심해 보이지만 속으로는 이와 비슷한 생각을 하는 사람들도 있다. '다들 잘 모르겠지만 나는 대단한데...' 하고 말이다. 이들은 우월감을 드러내려는 욕구보다 약점이 들킬 때를 염려하는 마음이

커서 자녀나 배우자 등 주변인을 내세워 간접적인 방식으로 인정욕구를 채우려고 한다. 이들은 오히려 겸손하게 행동하기 때문에 주변에서 그들의 속마음을 알아채기가 어렵고, 이런 생각들이 무의식적으로 작용하는 경우 스스로 자신감이 부족하다고 생각하기도 한다.

'나 같은 건 정말 쓸데없는 존재야.'

이들이 사람들 앞에서 자신을 비하하는 것은 의외로 누군가 자신을 무시하는 상황을 막기 위해서다. 먼저 스스로를 낮추면 상대방은 자신의 약점에서 눈을 돌려 자신을 두둔하고 보호해 줄 것으로 생각하기 때문인데, 이것은 상대방을 인정하는 마음에서 우러나오는 겸손한 행동이나 자신을 돌아보는 자아 성찰과는 거리가 멀다.

외현적 자기애는 자신을 부풀려 대단하게 보이기를 원하고,
내현적 자기애는 나쁘게 보이지 않으려고 겸손하게 말한다.

자신에게만 몰두하는 듯 보이는 나르시시스트의 모습 뒤에는 타인의 인정을 바라는 마음이 있다. 그래서 자신을 우월한 존재라고 생각하면서도 여전히 다른 사람의 평가에 예민하고 자신을 있는 그대로 드러내지 못한다. 자신은 남들에게 인정받아 마땅하다는 강박적인 생각을 하다 보니 비판을 견디기 어렵고 사소한 일에도 쉽게 수치심이나 모욕감을 느끼게 되는 것이다.

'어떻게 나한테 이럴 수가 있지?'
'어떻게 나한테 이런 일이 생기는 거지?'

'다른 사람은 몰라도, 나만은 예외여야 한다.'라는 착각이 지나치면 세상은 자신에게만 불공평한 것이 되어버린다. 그러나 모두가 경험하는 일이 나에게만 예외일 수는 없다. 가끔은 세상이 나를 인정하기는커녕 누군가가 이유 없이 나를 미워하기도 하고, 한때 내가 경험한 억울하고 힘든 일을 누군가는 담담히 겪어내고 있는지도 모른다. 나에게만은 예외일 것 같은 일들이 반복된다면 그것은 자신도 모르는 사이에 나르시시즘에 빠져들고 있다는 신호인지도 모른다.

| 가스라이팅, Gas-lighting |

다른 사람을 이용하여 자신의 우월감을 충족시키려는 사람들은 상대방이 자신에게 심리적으로 의존하게 만들기 위해 여러 가지 방법을 사용한다. '당신을 위해서'라는 말로 상대를 옴짝달싹 못 하게 하거나 상대방의 사소한 실수를 과장해서 피해자 역할을 자청하기도 한다. 이처럼 상대방이 자신을 스스로 의심하게 만들어서 상대방을 자신의 의도대로 조종하려는 행동을 '가스라이팅gas-lighting'이라고 한다.

이 용어는 〈가스등gaslight, 1938〉이라는 연극에서 시작되었다. 지금은 집집마다 전기가 들어오지만, 연극이 제작되던 당시에는 가스를 사용하여 전등을 켰다. 가스 공급이 불안정하면 한쪽에서 가스등을 켤 때 다른 쪽 불빛이 어두워지는데, 연극에서 남편이 아내를 속이려고 할 때

깜박거리는 가스등이 중요한 소재로 쓰인다. 남편이 집안의 귀중품을 뒤지느라 다른 방에서 전등을 켜면 집안이 어두워지는데, 이때마다 아내는 남편에게 방이 갑자기 어두워진 것 같다고 말하고, 남편은 아내가 예민해졌다며 아내를 이상한 사람으로 몰아세운다. 이후로도 보석을 잃어버리거나 집안의 귀한 물건이 없어지는 등 이상한 일들이 벌어지지만, 아내는 그때마다 남편이 아닌 자신을 의심하며 오히려 남편에게 더욱 의존하게 된다.

일련의 사건들은 천천히 진행되어 아내는 자신도 모르는 사이에 조금씩 남편에게 길들어 간다. 연극을 보는 사람은 쉽게 알아차릴 만큼 뻔한 상황이지만 정작 주인공은 남편의 속셈을 눈치채지 못한다. 그런데 연극에서나 가능할 것 같은 이런 일들이 우리 주변에서도 흔히 일어난다. 누군가 당신에게 이런 말을 한다면, 당신은 어떻게 반응할 것인가?

"나는 그런 말 한 적 없는데?"
"어머, 내가 그럴 리 없잖아. 당신이 오해했겠지."
"당신도 알지? 당신 성격이 좀 예민해."

이런 말을 들으면 한두 번은 그냥 넘어갈 수 있어도 자꾸 반복되면 마음이 불편해진다. 때로는 아무런 의도 없이 무의식적으로 이런 말을 하는 사람들도 있는데 이때, 친밀한 관계에 있는 상대방은 관계를 유지하기 위해 불합리한 말에도 일단 수긍하게 되고 이런 식으로 잘못을 떠안는 상황에 서서히 익숙해지는 것이다.

A 나는 그런 말 한 적 없는데? 무슨 소리야?

B 어? 잘못 들었나? 아닌데...분명히 들었는데...

A ...

B 미안해.

A 어머, 내가 그럴 리 없잖아. 당신이 오해했겠지. 요즘 왜 그래?

B 그래, 우리 사이에 그럴 리 없지...내가 이상한 건가?

A ...

B 미안해.

A 당신 요즘 좀 예민해. 이게 다 당신 때문이잖아! 나 정말 힘들어.

B 그렇지... 내가 좀 예민한 편이지...

A ...

B 미안해.

이처럼 매번 어느 한쪽에서 불편한 상황을 책임져야 하는 관계는 옆에서 부추기지 않아도 언젠가 자연스럽게 멀어진다. 그러나 안타깝게도 가장 가까운 사람들은 마지막까지 남아서 결국 상처를 입는다. 그래서 가스라이팅의 대상은 사랑하는 배우자일 수도 있고 자녀가 되기도 한다. 그런데 여기에는 식스 센스급의 반전이 있다. 영화 〈식스 센스〉에서는 죽은 사람들의 영혼이 등장하는데 초반에 이들은 사람들과 한 공간에서 지내면서 자신이 죽은 줄 모르고 오히려 사람들을 두려워한다. 마찬가지로 가스라이팅을 하는 사람들도 의존적인 자녀와 집착하는 배우자 때문에 힘들다고 하소연하지만 정작 상대방을 그렇게 만든 것은 자신이라는 사실을 깨닫지 못하는 경우가 많다. 한쪽에서는 상대방의 죄책감을 이용하고 다른 한쪽은 관계를 유지하기 위해 불편한 감정을 억지로 참아내면서 잘못된 방법으로 서로에게 길들여진다. 그리고 습관적인 관계는 몸에 배어 악순환을 반복하게 된다.

가스라이팅이 항상 같은 형태로 나타나는 것은 아니다. 불안을 자극하는 것이 통하지 않을 때는 동정심이나 죄책감을 유발하는 것으로 전략을 바꾸기도 한다. 사소한 일로 다툰 뒤에 대화로 해결하기보다는 피해자인 상태로 남아있으려고 하거나 자신의 불쌍한 처지를 과장하여 과한 요구를 할 때도 있다. 이런 관계는 얼핏 보면 가해자와 피해자가 확실해 보인다. 그래서 누군가 당신에게 이런 사연을 털어놓는다면 당장 불편한 관계를 정리하고 좋은 상대를 찾아 떠나라고 말하고 싶어질지도 모른다. 실제로 많은 전문가가 불편한 관계에서 빨리 빠져나오라고 조언하고 있다. 그런데 이상한 것은 주변에서 만나는 사람들은 하나같이 관계에서 상처'받는' 쪽이라는 점이다. '저는 그런 사람이 절대 아닌데요.'라는 하소연으로 시작하는 이메일과 댓글들을 읽다 보면 가끔 안타까운 생각이 들기도 한다. 사람은 절대로 바뀌지 않는다고 단정 지으며 관계를 포기해 버리거나, '그런 부류의 인간과는 관계를 끝내버리라'는 통쾌한 조언으로 대리만족하려는 사람들도 있다. 하지만 순간의 통쾌함으로 관계가 개선되거나 불편한 관계를 손쉽게 끊을 수 있는 것은 아니다.

이때 자신도 한때 누군가에게는 상처 주는 사람이었다는 것을 떠올려보면 상대방을 돌아볼 수 있는 여유가 생긴다. 무조건 상대방을 탓하는 것은 관계에서 자신의 역할을 수동적으로 만든다. 큰맘 먹고 능동적으로 개선하겠다고 마음먹을 때 그 관계는 충분히 좋아질 수 있다. 방법은 의외로 단순하다. 의지를 갖고 노력하는 것, 그게 전부다. 여기서 '노력'과 '의지'는 일방적으로 참고 버티는 것을 의미하지는 않는다. 이어지는 단락에서는 관계를 변화시키려는 사람들의 이야기를 함께 적었다. 사람은 고쳐 쓰는 게 아니라는 우스갯소리가 있기는 하지만 설령 본성은 변하지 않더라도 관계 속에서의 '그 사람'은 한순간에 변하기도 한다.

현대 정신분석 이론에서 영향력 있게 다루어지고 있는 코헛Heinz Kohut의 자기 심리학self psychology에서는 타인과의 관계를 통해 자기감이 발달한다고 본다. 그의 연구에 따르면 심각한 나르시시즘에 빠진 사람도 가까운 사람의 정서적 지지를 통해 충분히 회복될 수 있다. 물론 자신의 약점과 직면하는 것을 어려워하는 나르시시스트에게 변화의 계기를 만드는 일은 그리 쉬운 일이 아니다. 다만, 관계를 더는 악화시키지 않고 그가 스스로 자신을 바라볼 수 있도록 인내심을 가지고 지켜본다면 관계를 회복하는 것은 물론 그의 삶이 변하는 것을 도울 수 있다. 다음 세 가지를 염두에 두고 함께 고민한다면 그들과의 관계를 개선하는 데 조금이나마 도움이 될 것이다.

첫째, 의견에 무조건 동조하거나, 그가 비난하는 상대를 함께 비난하지 않기

갈등을 일으키지 않으려고 의견에 무조건 따라주면 나르시시스트는 상대방이 자신의 의견에 따르는 상황에 만족하며 관계의 패턴을 그대로 유지하려고 할 것이다. 게다가 누군가를 비난하는 말에 맞장구치다 보면 마음이 불편한 것은 물론 함께 험담했다는 사실은 나중에 약점으로 작용하기 쉽다. 한 번 편을 들어주기 시작하면 여기서 벗어나기는 점점 어려워진다. 나르시시스트의 의견에 무조건 동조하는 것은 절대 금물이다.

둘째, 의견에 곧바로 반박하거나, 그가 비난하는 상대를 면전에서 두둔하지 않기

의견에 단호하게 맞서면 그들은 자신이 비난받았다고 생각한다. 만일 그동안 항상 그들의 의견에 동조해 왔다면 그들은 상대방을 다시 자기편으로 만들기 위해 수단과 방법을 가리지 않을 것이다. 나르시시스트는 단지 관심을 독차지하는 것을 넘어 상대방에 대한 주도권을 갖고 싶어 한다. 관심이 다른 곳에 있다고 생각하면 상대방을 주변으로부터 고립시키기 위해 상황을 과장하고 다른 사람을 험담하거나 거짓을 꾸며내기도 한다. 나르시시스트를 인내심 있게 지켜보는 동안 자신과 자신의 주변 상황을 객관적으로 인식하려는 노력이 함께 필요한 이유다.

셋째, 잘못을 직접적으로 지적하지 않기

피해자의 모습으로 둔갑할 타이밍을 기다리는 나르시시스트에게 자리를 내주기 좋은 행동이다. 그들은 문제점이 드러나면 자신을 돌아보기보다는 오히려 자기합리화에 열을 올린다. 이들에게 선의로 조언을 했다가는 억울함을 호소하면서 늘어놓는 궤변을 듣다가 엉뚱하게 사과하는 일이 생길지도 모른다. 반드시 짚고 넘어가야 할 상황이라면 잘못을 곧바로 지적하기보다는 넌지시 알리거나 사실만을 명확하게 구분하여 말하는 것이 중요하다.

읽고 쓰는 편의를 위해 '나르시시스트'라고 표현했지만 여기 있는 증상이 모두 질병으로 분류되는 것은 아니다. 게다가 우리는 어쩌면 갈등을 피하려고 사랑과 돌봄을 핑계로 상대방을 감싸면서 그의 나르시시즘을 부추기고 있었는지도 모른다. 이로 인해 자신의 마음까지도 병들어 간다는 것을 알아차리지 못하면 관계를 개선하기는커녕 자기 자신도 제대로 지키지 못한다. 상대방을 위해 우리가 할 수 있는 것은 우리도 자신을 스스로 지키면서 그가 자신의 모습을 바로 보도록 돕는 것이다.

| 사람은 변할까? |

'사람은 변한다'라는 명제를 놓고 대부분의 진화 심리학자들은 타고난 유전적 요인과 후천적 요인이 반반의 확률로 작용하는 것으로 본다. 사람의 성격을 결정하는 유전자의 형질 자체에는 변화가 없지만 어떻게 결합할 것인가는 주어진 환경에 따라 충분히 달라질 수 있다는 것이다. 태어날 때부터 정해진 운명대로만 살아가야 한다면 얼마나 불행한

가? 학자들의 연구는 우리가 얼마든지 인생을 바꿔나갈 수 있다는 희망적인 메시지에 힘을 실어준다.

세상에 변하지 않고 영원히 같은 모습으로 존재하는 것은 없지만 사람들은 바꾸기 힘든 것일수록 '원래 그런 것'이라며 쉽게 수긍해버린다. 관계도 마찬가지다. 어려움이 생기면 포기하는 것으로 상황을 피해버리는 경우가 많다. '다른 사람을 바꿀 수는 없으니 내가 바뀌어야겠지요.'라고 말하면서도 정작 상황에 맞닥뜨리면 이것은 순식간에 자포자기의 다른 말로 전락해버린다. 혹은 자신은 불편한 상황에서 상대방을 핑계로 도망쳐놓고 누군가에게는 '당신이 먼저 달라져야 함'을 강요하기도 한다. 이런 생각과 행동은 사람은 변하지 않는다는 고정관념에서 시작되는 경우가 많다.

하지만 사람은 변한다. 단, 다른 사람이 마음대로 고쳐 쓰는 것이 아니라, 스스로 변한다. 생각이 변하면 행동은 저절로 달라지고 생각을 바꾸려면 여기에는 반드시 감정의 마중이 필요하다. 생각과 감정, 행동은 서로 밀접하게 연결되어 있는데 이에 관해서는 3장에서 다시 이야기 나누려고 한다. 상대방의 감정을 움직이는 힘은 공감에서 나온다. 공감은 다른 사람이 느끼는 것을 머리로 이해하고 마음으로 체험하는 과정이다. 다른 사람의 '생각'을 읽는 것과 '마음'을 읽는 것은 다르다. '내 자식은 내가 안다'라고 큰소리치는 부모가 사춘기 자녀에게 가장 자주 듣는 말은 '엄마는 내 마음을 모른다'라는 볼멘소리다.

현대 의학으로 사람의 유전자를 조작하여 그가 살면서 쌓아 온 모든 기억을 한 번에 바꿔놓을 방법은 없다. 하지만 누구나 스스로 달라지려고 마음먹는 그 순간부터 달라질 수 있다. '우리 아이가 달라졌어요.', '아빠가 달라졌어요.'와 같은 프로그램을 기획하면서 기획자는 '어떻게 하면 우리 아이를, 아빠를, 변화시킬 수 있을까?' 하는 고민을 수도 없이 했을 것이다. 시간에 맞춰 본방사수하는 시청자도 마찬가지다. 악플에 시달릴 위험을 무릅쓰고서라도 사연을 보냈을 출연자도 같은 마음이었을 것이다. 심지어 사람은 고쳐 쓰는 게 아니라고 채널을 돌려버리는 사람들도 속으로는 분명 고쳐 쓰고 싶은 관계가 있다. 그런데 방송을 보면 고쳐 쓰겠다고 매를 들거나 잔소리를 퍼붓는 장면은 나오지 않는다. 그렇다면 관계 속의 사람이 변하기 시작하는 순간은 언제일까?

바로 '공감'이 일어나는 그 순간이다. '사람은 절대 변하지 않는다'라고 체념한 관계에서는 절대로 공감이 일어나지 않는다. 그만큼 변하기도 어렵다. 우리는 일찍 일어나는 습관을 만들려고 자명종을 맞추고, 아무리 해도 혼자서는 금연이 어려울 때 전문가의 도움을 받기도 한다. 관계를 변화시키려는 노력도 이와 비슷하다. 상황에 따라서는 재촉하지 않고 상대방을 지켜보는 노력도 필요하다. '신경 가소성 이론 neuroplasticity'에 따르면 사람의 뇌는 소소한 자극을 받을 때마다 끊임없이 변한다. 매 순간 서로의 눈 마주침과 말 한마디로 상대방과 나를 변화시킬 수 있다. 좋은 관계는 더 좋은 대상을 선택하여 옮겨가는 것이 아니라 서로가 함께 만들어가는 것이다. 사람은 불변의 본성을 타고나는가에 관한 철학적인 고민은 잠시 접어두고, 서로에게 조금 더 너그러워지기로 마음먹는 순간부터 관계는 성숙한다. 관계는 선택이 아니라 성숙이다.

| 공감의 재구성 |

영화에서 주인공이 수줍게 고백하는 장면을 보면 덩달아 가슴이 뛰고, 아이가 알사탕을 오물거리면 부모는 실제로 혀끝에서 달콤함을 느끼기도 한다. 고통을 당하는 사람을 보면 마음이 아프고, 누군가 고통받는 것을 도저히 그냥 보아 넘길 수 없을 때 그것은 연민의 행동으로 이어진다. 이러한 공감 능력 덕분에 우리는 다른 사람의 행복한 순간을 마치 나에게 일어난 일처럼 생생하게 느낄 수 있고 연민을 발휘하여 세상을 따뜻하게 만들 수 있다.

놀랍게도 우리는 이런 공감 능력을 타고났다. 우리 뇌에는 누군가를 관찰하는 것만으로 마치 직접 경험한 것처럼 반응하는 신경세포가 있는데 이것을 '거울 뉴런mirror neuron'이라고 부른다. 주삿바늘이 아이의 살갗을 찌르는 장면을 보면 몸이 움찔하는 반사작용이 일어나고, 동시에 아이가 느꼈을 감정을 떠올리게 된다. 그러면 겁이 나서 울음을 터트린 아이의 행동을 이해할 수 있게 되는 것이다.

상대방의 생각을 읽는 것과 감정을 느끼는 것은 마치 동시에 일어나는 일처럼 보이지만 실제로는 서로 다른 신경계에서 일어나는 전혀 다른 반응이다. 때에 따라서 어느 한쪽이 과도하게 발달하거나 반대로 아주 둔감한 경우도 있다. 공감은 대개 타인의 상황을 객관적으로 이해하는 것부터 시작하는데 이것을 '조망 수용perspective-taking'이라고 한다. 이것은 전반적인 공감 능력과 사회적 문제해결 능력에 절대적인 영향을 미치는 것으로 알려져 있는데Eisenberg, Murphy, Shepard, 1997, 타인의 반응에 민감한 사람들은 '조망 수용' 능력이 뛰어나 사회적 관계 맺기에는 능숙하지만 다른 사람에게 비친 자신에게 집중하느라 상대방을 제대로 공감하지 못하는 경우가 많다. 간혹 상대방의 입장을 뻔히 알면서 그들의 고통을 은근히 즐기는 듯한 사람들도 있는데 우리는 이들을 사이코패스라고 부른다. 미치광이 같은 행동을 하지 않더라도 정서적 공감이 부족한 그들은 누구와도 진정한 관계로 이어질 수가 없다. 심리학자 엘리 핀켈Eli J. Finkel은 이러한 상태를 가리켜 '타인의 감정에 이입하는 능력이 손상되었다'고 표현했다. 정서적 교감이 없는 그들의 공감은 심리를 조작하는 기술에 불과하여 연민의 행동으로 이어지거나 다른 사람의 긍정적인 감정이 자신에게 전이되는 경험을 만들어내지 못한다.

한편, 정서적인 공감에는 오류가 개입할 여지가 많다. 성 추문에 휩싸인 모 영화감독이 코로나에 감염되어 타지에서 고통스럽게 죽었을 때 누구도 겉으로 드러내어 애도하지 않았다. 천벌 받아 싸다고 생각하는 사람을 나서서 애도할 필요는 없었던 것이다. 이처럼 사람들은 공감할 만한 것에 공감한다. 그런데 모든 판단에는 편견이 작용할 수 있다는 것을 미처 생각하지 못하면 어이없는 실수를 저지르기도 한다. 폴 블룸Paul Bloom은 〈공감의 배신Against Empathy, The Case for Rational Compassion〉에서 이러한 정서적 공감의 한계를 지적했다.

유럽 축구팀 응원단을 대상으로 한 유명한 실험이 있다. 한 사람이 가벼운 전기 충격을 받는 모습을 보여주고, A 그룹에는 같은 팀이라고 말하고 B 그룹에는 반대편이라고 알려준 뒤, 두 관찰 집단의 뇌파를 측정했더니 놀라운 일이 일어났다. 같은 팀이 고통을 당하는 장면을 관찰할 때는 몸이 움찔거리며 고통을 느끼는 뇌가 활성화된 반면 반대편이 고통을 당했을 때는 별 반응이 없거나 오히려 쾌락에 관여하는 뇌가 활성화되었다. 관찰자의 주관적인 생각과 감정이 공감에 개입한 것이다. 마음이 움직였다고 해서 그 기준이 항상 옳은 것은 아니다. 반대로 공감할 가치도 없다고 손쉽게 결론 내린 사건들에는 나름의 사연이 있었는지도 모른다. 깊이 공감하는 것일수록 한 발짝 떨어져서 다시 생각하는 여유가 필요하다.

이번 단락에서는 공감을 크게 인지적인 것과 정서적인 것으로 나누었지만 이것을 훨씬 세분하여 설명하는 학자도 있다. 여기에 더해 동감, 동정, 연민, 감정이입 이제는 긍휼까지, 비슷한 개념들을 비교하며 이상적인 공감의 원리를 제시하기도 한다. 영국의 경제학자이자 윤리학자 애덤 스미스는 〈도덕 감정론The theory of moral sentiments〉에서 공감의 원리the theory of sympathy를 통해 도덕을 설명하는데, 원문에 쓰인 'sympathy'는 직역하면 '동정'에 가깝지만 '공감'으로 번역한다. 어쩌면 용어를 구분하는 것보다 중요한 것은 상황을 어떻게 이해하고 자기 생각과 행동에 적용할지를 고민하는 것인지도 모른다.

가끔은 아무 조건 없이 함께 펑펑 울어주어야 할 때도 있고 휘청거리는 상대를 바로 앞에 두고도 단호하게 말해 주어야 할 때도 있다. 직접 나서지 않고 바라만 보았다고 해서 연민을 느끼지 않는 것도 아니고, 긍휼을 새로운 개념으로 이해하려고 애쓰지 않아도 된다. 나와 함께인 그 사람에게 내가 할 수 있는 것이 무엇인지를 깊이 고민하고 떠오른 대로, 그대로 행동하면 된다. 그것이 공감이다.

| 공감력을 키우는 확실한 방법 |

입장 바꿔 생각해 보라는 호소가 통하지 않는 데는 몇 가지 이유가 있다. 직접 경험해보지 않고서는 도무지 상상할 수 없는 일도 있고 상대의 입장을 미루어 짐작할 수는 있지만, 그 마음이 느껴지지 않아 공감하기 어려운 경우도 있다. 하지만 누군가가 나를 위로할 때 모르면 가만있으라고 소리치는 대신 고마운 생각이 드는 이유는 그가 나에게 위로의 한 마디를 건네려고 머리로 가슴으로, 얼마나 애를 썼을지 짐작하기 때문이다.

연극배우가 인물을 구상한 극작가의 마음을 속속들이 알지는 못하지만 마침내는 역할에 빠져들어 관객의 공감을 끌어낸다. 스스로 극 중 인물이 되어 고민을 거듭하면서 자신이 맡은 배역을 온몸으로 이해한 것이다. 연극에서 연출자와 배우의 해석이 서로 달라 인물을 표현하는 데 마찰을 빚는 경우도 있지만, 시간이 지나면 자연스럽게 합의점을 찾게 되는 것도 마찬가지다. 연극에서 인물을 해석하는 과정이 삶에서 상대방을 공감하는 것과 비슷하다. 배우가 극 중 인물의 삶을 실제로 경험하지 않고도 온전히 그 사람이 될 수 있는 비결은 무엇일까?

극 중 인물의 관점에서 세상을 보고 느끼기 위해 스님 역할을 맡은 배우가 머리를 깎고 오랜 기간 사찰에서 지낸다든지, 거식증을 앓는 배역을 소화해내려고 촬영 기간 내내 물만 마셨다는 연기자들의 후일담을 들어보았을 것이다. 주변에는 도무지 알 수 없는 자녀들의 마음을 이해해보려고 온라인 게임을 시작했다거나 유행가를 외운다는 사람들도 있다. 이 또한 여느 연기자 못지않은 노력이다. 하지만 친구나 가족, 동료를 이해하기 위해 항상 이와 같은 극단적인 처방이 필요한 것은 아니다. 그렇다고 아무런 준비 없이 무작정 상대방을 이해하겠다고 달려들었다가는 아예 관계를 포기하고 싶어질지도 모른다. 공감하기가 그렇게 쉬운 일이었다면, 이렇게 많은 학자들이 연구하고 수많은 사람들이 불통을 호소하지는 않았을 것이다. 모든 일에는 준비운동이 필요하다. 누군가를 제대로 이해하려면 다양한 관점을 수용할 수 있도록 공감 능력을 키우는 것이 먼저다.

공감력을 키우는 가장 좋은 방법은 다양한 사람들과 대화를 나누는 것이다. 새로운 사람을 만난다고 갑자기 열린 마음을 갖게 되는 것은 아니지만, 관점을 확장하는 데 좋은 자극이 되는 것은 확실하다. 나는 중3 때까지 커다란 오토바이는 폭주족이 타는 줄로만 알았다. 그러다 아래층으로 이사 온 인자하신 의사 선생님이 주말마다 도로를 폭주한다는 충격적인 사실 덕분에 새로운 관점을 얻을 수 있었다. 만일 그때 '의사라고 별거 없군. 폭력성을 감추고 있는 게 틀림없어. 겉 다르고 속 다른 사람이네.'라고 생각했다면 얼마나 우스운 일인가? 아무리 많은 사람을 만나도 자신의 기준에 따라 상대방을 평가하고 분류한다면 공감 능력은 개선되지 않는다.

글을 써서 생각을 공유하는 것도 좋다. 온라인 글쓰기 플랫폼에 글을 올리면 자연스럽게 다른 사람들의 의견을 들을 기회가 생긴다. 오랫동안 당연하다고 생각했던 사실에 완곡하게 반대 의견을 내놓는 독자를 만날 수도 있고, 누군가는 당신이 쓴 글보다 다른 사람의 댓글에 더 공감할지도 모른다. 실제로 나는 '이런 자아 성찰은 일기장에나 쓰라'는 무시무시한 댓글을 읽은 적도 있다. 그럼에도 불구하고 다양한 경로로 유입된 독자들의 새로운 관점을 경험할 수 있다는 것은 온라인 글쓰기 플랫폼이 가진 가장 큰 장점 중에 하나다.

마지막은 읽기다. 소설을 읽으면 공감 능력이 향상된다는 연구 결과가 사이언스지에 발표되어 크게 주목을 받은 적이 있다Reading Literary

Fiction Improves Theory of Mind, Science. 실험 참가자를 세 그룹으로 나누어 각각 대중소설과 문학 소설, 논픽션을 읽게 하고 인지적 공감 능력을 측정했더니 문학 소설을 읽은 그룹에서 공감 능력이 현저히 높아진 것을 발견한 것이다. 연구진이 밝힌 공감력 향상의 핵심요소는 '인물과 사건의 반전'이었다. 인물의 성격이나 사건의 전개가 예상을 벗어날 때 그것을 유추하는 과정을 통해 사람의 마음을 읽는 인지적 공감 능력이 향상된다는 것이다. 그러나 공감력을 키우기 위해 장편소설이나 긴 글을 읽어야만 하는 것은 아니다. 실제로 위 실험에서 제시된 소설 중에는 앨리스 먼로Alice Munro의 단편집에 실린 단편소설이 포함되어 있다. 다만, 인물을 이해하고 행동을 예측하는 과정이 얼마나 흥미로운가에 따라 효과에는 차이가 있을 수 있다.

수능이 끝나던 날, 나는 책장에 꽂혀있는 책들을 다 읽고 말겠다던 다짐을 실행에 옮기기로 했다. 그런데 하필이면 그때 처음 고른 책이 괴테의 〈파우스트〉였다. 담임 선생님은 인물 구조도를 그려가며 책장을 넘기던 나를 대견하게 생각하셨지만 정작 나는 마지막 장까지 오기로 버텼던 기억이 아직도 생생하다. 인물의 심리를 파악하며 반전을 즐기기는커녕 내 인내심의 한계를 확인하는 것으로 만족해야 했다.

소설을 고를 때는 '대체 왜?'라는 질문이 자연스럽게 나오는 정도가 적당하다. 그러면 도무지 알 수 없는 주인공의 행동을 이해해보려고 주변 상황을 살펴보고 그의 입장이 되어보기도 하면서 서서히 인물을 공감하게 된다. 현실에서 같은 상황을 맞닥뜨린다면 '사람은 변하지 않는다'라는 케케묵은 명언을 떠올리며 이해하기를 포기했을지도 모르지만 소설을 읽을 때는 좀 더 여유를 가지고 인물과 사건을 바라볼 수 있다.

소설 〈서편제〉에는 의붓딸을 '한' 서린 소리꾼으로 만들기 위해 눈을 멀게 하는 비정한 아버지가 등장한다. 속편 〈소리의 빛〉에서는 의붓남매가 산골 주막에서 다시 만나지만 둘은 밤새 북 장단에 맞춰 소리판을 벌이고는 그대로 헤어진다. 대체 왜?

고등학교 때 이 소설의 주제가 시험에 출제되었는데 '한'이라는 단어가 들어가면 부분 점수를 주고, '한의 정서'가 들어가면 정답 처리를 했던 기억이 난다. 대체 왜? '서편제=한의 정서'라는 공식을 얼마나 열심히 외웠던지 지금도 〈서편제〉 하면 '한의 정서'가 번뜩 떠오른다. 당시에는 수험생들이 소설을 읽느라 시간을 낭비하지 않도록 학교 앞 서점에서 소설의 요약본을 팔기도 했던 것으로 기억한다. 하지만 인물의 대사와 행동을 여러 번 곱씹으며 직접 공감하지 않고서는 소설 읽기는 줄거리를 암기하는 반쪽짜리 지식에 지나지 않는다. 안타깝게도 엄청난 독서량을 자랑하지만 막상 대화를 나눠보면 벽을 마주하는 것 같은 느낌이 드는 사람도 있다. 아무리 열심히 책을 읽었더라도 새로운 관점에 대한 자극에 무뎌지면 오히려 편향된 생각에 갇혀버리기도 한다. 좋은 책은 깊이 읽고 함께 생각을 나눌수록 더 많은 것을 얻게 된다. 소설 읽기는 사람의 마음을 읽는 가장 안전하고 확실한 방법이다.

똑같은 것을 경험하지 않았더라도 우리는 충분히 상대방을 이해할 수 있다. 영화를 보거나 책을 읽거나 글을 쓰고, 다양한 사람들과 생각을 나누면서 관점을 확장하는 연습은 공감이 필요한 순간에 큰 힘이 되어줄 것이다. 지금까지 어려운 관계를 변화시키기 위해 어떤 노력을 해왔는가? 도무지 이해할 수 없다며 관계를 포기해버리거나 자신의 괴로운 심정을 호소하며 상대방에게 변화를 강요해서는 아무것도 달라지지 않는다. 주변에서 도무지 알 수 없는 누군가를 만났을 때 탄탄한 기본기로 다져진 '공감 능력'이 있다면 무조건 참고 이해하는 대신 상대방의 생각을 읽고 능동적으로 대응할 수 있다. 공감은 우리를 너그럽게 만들고, 상대방의 감정을 움직여 변화의 여지를 준다. 누군가 내 입장에 서서 진심으로 공감할 때, 사람은 변한다.

마지막으로 한 가지 더 기억할 것은 나도 누군가에게는 도무지 이해되지 않는 한 사람일 수 있다는 점이다. 누군가가 나를 공감하고 이해했듯이 나도 그를 이해하려고 노력할 때 그의 새로운 모습을 발견하는 행운을 얻게 될지도 모른다.

| 위로가 상처가 되는 이유 |

나르시시스트는 간혹 '관심 종자'라는 우스갯소리로 불리기도 한다. 이들에게 사람들의 관심 밖으로 밀려나는 것보다 끔찍한 일은 세상에 없다. 언젠가 기구한 팔자를 타고난 과부 이야기를 들은 적이 있다.

보육원에서 나고 자란 W는 어린 시절 매일 구타와 욕설에 시달리다가 학업도 제대로 마치지 못하고 쫓겨나듯 보육원을 나왔다. 고깃집 서빙 아르바이트부터 유흥업소까지 온갖 곳을 전전하다가 마침내 그녀는 자신을 진심으로 대해주는 인연을 만나 가정을 꾸렸다. 남편은 혹시라도 상처 입은 아내의 마음이 덧날까 봐 항상 그녀를 애지중지했다. 그러던 어느 날, 남편이 사고를 당해 반신불수가 되는 끔찍한 일이 있었고 그녀는 지극정성으로 남편을 수발한다. 그런데 퇴원하기 하루 전날 밤, 남편이 돌연 심장마비로 사망하는 사건이 벌어진다. 홀로 남은 그녀에게 온통 관심이 쏟아졌고, 다음에도 그다음에도 그녀의 남편들은 불의의 사고로 병원에 입원했다가 모두 심장마비로 사망했다. 수년이 지나고 나서야 보험 사기로 판명된 이 사건은 애초부터 보험금을 노린 것은 아니었다. 단지 사람들의 관심을 얻기 위해 아내가 벌인 살인극이었다.

"사람들이 갑자기 저에게 관심을 보이기 시작했어요."
"저도 제가 왜 그랬는지 정말 모르겠어요."

동정심으로 다른 사람들의 관심을 얻기 원했던 젊은 과부는 공감과 유대감으로 관계를 맺는 방법을 마지막까지 깨닫지 못했다. 다른 사람과 깊이 연결되려면 우리에게는 일방적인 동정심이 아닌 상호 간의 공감이 필요하다.

> 만약 이 세상에 동정심이 덜하다면, 세상은 덜 힘들어질 것이다.
>
> - 오스카 와일드 -

다른 사람을 생각하는 따뜻한 마음이 어째서 문제가 되는 것일까? 상대방에게 뭔가를 얻어내겠다고 작정하지 않고서야 동정을 바라고 이야기를 꺼내는 사람은 없다. 동정심은 사람에게서 스스로 일어설 힘을 빼앗아 버린다. 직접 그 사람이 되어보려는 충분한 고민이 없었다면 선의로 건넨 위로가 상대방에게 지워지지 않는 마음의 흉터를 남길 수도 있다.

얼마 전 우리나라를 휩쓸었던 미투 운동은 이후에 'with you'로 확장되어 지금도 계속 진행 중이다. 끔찍한 일을 직접 겪지는 않았지만, 누구에게나 일어날 수 있는 일이다. 그래서 누구나 'with you, 내가 당신과 함께입니다.'라고 말할 수 있다. 이것이 공감이다. 공감은 불쌍한 상대방을 어떻게 위로할지 방법을 고민하는 것이 아니다. 무작정 천사 같은 말을 늘어놓을 필요도 없고 따라 울지 않아도 된다. 상대방의 입장이 되어 충분히 공감했다면 무조건 위로하는 대신 따끔하게 한마디 해줄 수도 있다. 함께하겠다는 진심이면 충분하다. 그 진심의 힘으로 상대방은 충분히 스스로 일어설 수 있다.

그런데 자신이 직접 경험하여 잘 알고 있는 것일수록 제대로 공감하기가 어렵다. 상대방이 나를 슬프게 만들거나 화나게 하려고 자기 이야기를 꺼내놓은 것이 아님에도 불구하고 이야기를 듣다 보면 마음이 불편해질 때가 있다. 혹은 그때는 충분히 공감한다고 생각했지만 돌아보면 단순히 감정적인 반응에 불과했던 경우도 있다. 상대방의 상처에 자신의 경험이 오버랩 되면 처음에는 역지사지라고 착각하다가 마침내는 상대방의 관점이 아닌 자신의 관점으로 상황을 인식하는 실수를 저지르기도 한다.

> P는 라이프 코치로 활동하면서 현장에서 다양한 고민을 만난다. 그런데 그는 유독 가족과의 불화를 겪는 고객을 만나기가 두렵다. 자꾸만 자신의 어린 시절이 떠오르기 때문이다. 머리로는 오만가지 상담기법을 꿰뚫고 있지만, 순간순간 자신도 모르게 어린 시절의 경험이 떠오르는 것에는 그도 어쩔 도리가 없다. 자책하는 마음은 상대방을 비난하는 행동으로 왜곡되거나 자신도 모르게 감정이 북받쳐 올라 대화를 나누던 중에도 눈물을 흘리기 일쑤였다.

누군가의 이야기를 듣고 자신이 느끼는 감정적인 동요는 타인의 감정에 반응한 것이지 상대방의 감정을 그대로 느끼고 있는 것은 아니다. 동시에 똑같은 사건을 겪어도 각자의 경험에 따라 상황은 다르게 인식되지만, 자신의 감정에 빠져있으면 이 점을 간과하기 쉽다. 정도가 지나치면 공감이 필요한 상대를 앞에 두고 자신의 경험을 되새김질하는 불상사가 벌어지기도 한다. 그 순간, '내가 그 맘 잘 안다'라는 말은 세상에서 가장 답답한 위로가 된다. 상대방을 제대로 공감하기 위해 가장 먼저 해야 할 것은 자신의 감정에서 빠져나오는 것이다.

내담자를 앞에 두고 오열하는 상담사를 떠올려보라. 상대방의 고통에 동화되어버리면 정작 자신은 그 사람을 도울 힘을 잃어버린다. 공감의 자리에서 갑자기 이런 마음이 든다면, 일단 멈추라. 지금은 누군가를 공감하기 어렵다는 마음의 신호다. 이때는 다른 사람을 공감해 주는 입장에서 빠져나와 먼저 자신을 돌보아야 한다. 자신의 감정에서 한 발 떨어져 생각할 수 있는 마음의 힘을 비축해서 다시 돌아오면 된다. 그때야 비로소 도저히 혼자 일어서기 힘든 사람에게도 '연민'을 발휘할 수 있게 된다. '연민'은 감정적 위로를 넘어서 적극적인 행동을 만들어낸다. 그리고 최선을 다해 힘이 되어 주려는 진심은 어떻게든 전달된다. 우리를 일어서게 하는 것은 힘내라는 일방적인 동기부여가 아니라 '내가 당신과 함께'라는 진심의 힘이다. 그 힘으로 우리는 스스로 일어설 수 있다.

| 힘내라면 힘이 나나요? |

얼마 전에 EBS 인기 캐릭터 펭수가 방송에서 한 말이 화제가 되었다.

'힘내라면 힘이 나나요?'

그의 한마디는 마치 그동안 영혼 없는 위로에 실망했던 사람들의 마음을 대변하는 것처럼 들린다. 누군가는 동료에게 자신감을 가지라고 말하면서 내심 '그래도 내가 너보단 나아서 다행이다.'라며 자신을 스스로 위안하기도 하고, 때로는 '힘내라', '할 수 있다'는 명령 같은 구호로 묘한 우월감을 드러내기도 한다. 그런 마음으로 건네는 위로에 힘이 날 리 없다. 그렇지 않아도 자신감이 껌딱지처럼 바닥에 들러붙은 사람들에게는 더 그렇다.

반대로 수없이 망설이다가 건넨 위로의 말이 매몰차게 거절당할 때는 선의를 무시당한 것 같아 오히려 상처를 받기도 한다. 선뜻 돕지는 못하고 겨우 말이라도 건넸는데 그 마음이 제대로 전달되지 않을 때는 차라리 말하지 말 걸 후회하기도 한다. 하지만 때로는 가만히 지켜보며 기다려 주어야 할 때가 있다. 안타깝게 지켜보는 시간을 감내하는 것도 아끼는 사람을 위한 마음이다. 이때 답답한 자신의 마음만 생각해서 상대방을 다그치면 '너를 생각해서'라는 말은 핑계로 전락해버린다.

밀란 쿤데라의 소설 '정체성'에는 여자로서 매력을 잃어간다는 사실에 절망하는 한 여인이 등장한다. 그 모습을 보기가 안타까웠던 그녀의 연인은 익명의 편지로 사랑 고백을 하기 시작하는데 누군가 자신에게 관심을 두고 애정 어린 시선을 보낸다고 믿기 시작하면서 그녀는 활력을 되찾는다. 다른 사람에게 인정받고 싶었던 그 마음을 누군가는 '관심 종자'라는 말 한마디로 단정 지을지도 모르지만 때로는 누군가의 진정한 관심이 자존감의 훌륭한 마중물이 되기도 한다. 소설 속 그녀의 연인은 그녀에게 무작정 좋은 말을 늘어놓는 대신에 그녀가 활력을 되찾는 데 도움이 될 만한 수많은 방법을 고민했다. 그리고는 힘내라는 말 대신 익명의 연애편지를 써서 그녀가 스스로 자신이 얼마나 아름다운가를 돌아보게 했다. '자존감'은 언뜻 들으면 혼자서 지켜내야 할 것 같지만 '자존감'을 돌보는 데는 항상 누군가의 지지와 관심이 필요하다.

L은 남편에게 '사랑한다'는 말을 제대로 들어본 적이 없다. 결혼 전에는 헤어지자는 협박으로 자백을 받아내곤 했지만 결혼한 뒤로 그녀의 남편은 애매한 분위기에서 자리를 피하기 일쑤다. 남편의 상냥한 말투는 분명 강남 스타일인데 표현에 서툰 것을 보면 영락없는 경상도 싸나이다. 그런데 그와 함께 있으면 누구든 그가 아내를 얼마나 사랑하는지 금세 알아차릴 수 있다. 친구들 틈에서 슬쩍 아내 자랑을 하고 아내에게는 늘 함께라서 행복하다고 말한다. 아내의 성화에 못 이기는 척 가끔 손 편지로 사랑한다고 쓰기도 한다. 결혼 전에는 늘 만성적인 우울감에 시달리던 그녀는 남편을 만난 뒤로 자신이 얼마나 사랑스럽고 귀한 존재인지를 다시 느끼기 시작했다. 말하지 않는 진심이 있다는 것을 알게 되었다.

상대방을 위하는 마음이 진심일 때 비로소 마음을 담은 말과 행동이 효과를 발휘하기 시작한다. 영혼 없는 그럴듯한 응원의 말이 상대방에게 어떤 힘을 줄 수 있을까? 상대의 절망에서 한 발 떨어져 안도하는 동정심이 어떤 안정감을 줄 수 있을까? 진심이 없으면 아무리 좋은 말도 의미 없는 단어의 나열에 불과하다. 투박하고 서툴러도 진심이 느껴지는 관계에서 우리는 스스로 회복할 수 있다. 그럴듯한 말을 유창하게 풀어내거나 특별한 이벤트를 준비하지 않아도 좋다. 곁에서 온 마음으로 변함없이 지지하는 모습만으로 상대방은 조금씩 일어설 힘을 얻는다. '나다움'을 스스로 지켜내기 벅찬 사람에게 '당신다움'을 알려주는 통로는 다름 아닌 상대방의 따뜻한 진심이다.

| 진짜 나르시시스트 |

몇 해 전 자존감 열풍이 우리나라를 휩쓸었다. 강연이나 책을 통해 자존감을 되찾았다는 간증이 쏟아졌고, 어렵게 얻어낸 자존감을 위협하는 것들에는 일절 신경 끄라고 날을 세우는 콘텐츠들이 함께 인기를 끌었다. 조언을 간섭으로 치부하는 사람들이 많아졌고, 사람들은 당당한 태도와 예의 없는 행동을 제대로 구분하지 못하는 지경에 이르렀다.

지난 수년간 떠밀리듯 키워낸 우리의 자존감은 지금쯤 얼마나 높아졌을까? 자존감은 남들 앞에서 당당하게 행동하는 용기만을 말하는 것은 아니다. 사회학자 모리스 로젠버그Morris Rosenberg에 따르면 자존감은 자기 가치, 자기존중, 자기수용에 대한 주관적인 평가를 말한다 Rosenberg, 1965. 이처럼 자존감은 구성요소가 다양한 데다가 그 평가는 자신의 판단 기준에 따라 수시로 달라지기 때문에 단기간의 반복적인 자기암시를 통해 금세 나아진 것처럼 착각하기도 쉽다.

1박 2일 자존감 워크숍에서 뭐든 할 수 있을 것 같은 자신감을 얻었다면, 다음으로 필요한 것은 일시적인 자신감을 일상으로 연결하려는 노력이다. 이러한 노력의 핵심은 체험이다. 명사의 강연을 듣거나 좋은 책을 꼼꼼히 읽고 필사하는 것만으로는 절대 자존감이 높아지지 않는다. 남의 말을 통해서가 아니라 나의 일상에서 자존감과 연결된 단서를 직접 찾아내는 것이 중요하다. 그리고 자신의 행동을 직접 수정해나가면서 스스로를 인정하는 경험을 할 때 진짜 자존감이 채워진다. 다음은 자존감 검사에서 가장 널리 사용되는 '로젠버그 자존감 척도'이다. 질문지를 살펴보면 자존감을 측정하는 데 중요하게 여겨지는 몇 가지 요소를 찾아낼 수 있을 것이다.

1, 3, 4, 7, 10번 문항에서는 매우 그렇다=7점, 매우 아니다=0점

2, 5, 6, 8, 9번 문항에서는 매우 그렇다=0점, 매우 아니다=7점

1. 대체로 나는 스스로에게 만족한다.

2. 가끔 나는 잘하는 게 아무것도 없는 것처럼 느껴진다.

3. 나는 내가 좋은 자질들을 갖고 있다고 생각한다.

4. 나는 다른 사람들만큼 어떤 일을 잘 해낼 수 있다.

5. 나는 자랑할 것이 별로 없다.

6. 나는 가끔 내가 쓸모없다고 느낄 때가 있다.

7. 나는 적어도 내가 다른 사람들만큼 가치 있는 사람이라고 생각한다.

8. 나는 자신을 좀 더 존중할 수 있었으면 좋겠다.

9. 대체로 나는 내가 실패자라고 생각하는 경향이 있다.

10. 나는 나 스스로에 대하여 긍정적인 태도를 갖고 있다.

출처 : RSES,Rosenberg self-esteem scale

2018년 대한민국 행복 리포트 'about H'의 조사에 따르면, 7점 만점을 기준으로 한국인의 자존감 평균 점수는 4.6점이다(원문 RSES에서는 각 항목을 1~4점으로 측정하게 하고, 자존감의 수준을 낮음/보통/높음의 3단계로 구분하였다). 이는 동서양 53개 국가들 중 46위에 해당하는데, 타인의 평가에 민감한 우리나라 사람들의 특성이 반영된 결과라 짐작된다. 이 검사지를 비롯하여 자존감을 측정하는 방법은 개인주의 성향이 강한 서구권에서 개발된 것들이 대부분이어서 우리의 관계 중심적인 사고를 반영하지 못하는 한계가 있다. 가령 이 검사에서 아주 높은 점수를 받은 사람이라면 오히려 우리에게는 제멋에 사는 나르시시스트로 여겨질지도 모른다. 게다가 최근에는 자존감이 높을수록 공격적이거나 자만심이 높으며 오히려 관계 역량이 낮다는 연구 결과가 보고되기도 했는데, 이는 자존감에 대한 새로운 발견이라기보다는 검사지로는 측정하기 어려운 자존감의 또 다른 영역이 있음을 짐작하게 한다. 이후에 문화적 요소를 반영한 새로운 자존감 척도가 개발되기도 했지만, 여전히 자존감 측정을 위한 모든 구성요소를 정확하게 반영하는 데는 한계가 있다.

　　자존감이 진짜인지 아닌지는 다른 사람을 대하는 태도를 통해 가장 정확하게 알 수 있다. 진짜 자존감이 높은 사람은 타인을 공격하거나 무시하지 않는다. 많은 것을 이루어내고 어디서든 당당해졌지만, 여전히 타인은 자신을 위협하거나 혹은 이용해야 할 대상이라는 생각이 든다면, 그것은 지금 자신을 먼저 돌아보아야 한다는 신호다. 사람은 누구나 자신을 대하는 방식대로 다른 사람을 대한다. 그래서 자신을 존중하는 사람만이 타인을 존중할 수 있다. 모두가 다른 사람과 좋은 관계를 맺고 싶어 하면서도 그 마음을 제대로 표현하지 못해서 잘난 척하거나 남을 깎아내려 돋보이려고 한다. 자존감이 필요한 것은 혼자 우뚝 서기 위해서가 아니다. 우리에게는 관계를 위한 자존감이 필요하다.

진짜 자존감은 다른 사람을 대하는 태도를 보면 알 수 있다.

자존감에 관하여 한 가지 더 생각할 것은 '자존감 안정성'이다. 연구에 따르면 '자존감'은 아동기에 최고치를 보이다가 청소년기에 감소하고, 성인기에 점진적으로 상승하다가 노년기에 떨어지는 반면, '자존감 안정성'은 아동기에 최저치로 시작하여 포물선을 그리며 상승하다가 성인 후반기에 최저치로 급격히 떨어진다Robins & Trzesniewski, 2005; Trzesniewski, Donnellan, & Robins, 2003. 외부의 자극에 대한 반응으로 감정이 시시각각 변하는 것처럼 주변 상황이나 여건에 따라 자존감이 오르내리는 것은 자연스러운 현상이다. 항상 높은 자존감을 유지하기는 쉬운 일이 아니지만, 이것을 달리 생각해 보면 낮아진 자존감은 언제든 다시 회복할 수 있다는 의미이기도 하다.

자존감이 높으면서 불안정한 사람들은 긍정적인 자기 이미지를 유지하려고 노력하며, 자존감이 낮고 불안정한 사람들은 부정적인 자기 이미지를 피하려고 한다Kernis, et al., 1993. 특히 자존감이 높고 불안정한 집단은 타인에 대한 적대감이 강하기 때문에 '대단한 나'를 침해하는 사소한 자극에도 분노하거나 '부족한 나'의 모습이 들킬까 봐 두려워한다

Kernis, 2003. 게다가 자존감이 불안정하면 일상생활의 사건들을 자신과 연결 지어 생각하는 경향이 높아지는데, 그 결과 환경에 예민하게 반응하게 되고 타인의 평가에 쉽게 흔들리게 된다. 아래는 자존감 안정성 검사지의 일부를 발췌한 것이다. 아래 문항을 살펴보면 자존감을 안정적으로 유지하는 데 영향을 주는 요인들을 확인할 수 있다. 여기에는 자존감 안정성을 결정하는 대표적인 특징이 잘 드러나는 몇 개의 문항을 선택하여 실었다.

- 나는 내가 성공한 사람이라고 생각하다가도 금방 실패자라는 생각이 든다.

0-----1-----2-----3-----4-----5

- 나는 잘난 사람을 보면 초라해지다가도 나보다 못한 사람을 보면 내가 대단해 보인다.

0-----1-----2-----3-----4-----5

- 나는 나에 대한 타인의 평가에 민감한 편이다.

0-----1-----2-----3-----4-----5

- 나의 가치는 성공과 실패에 의해 좌우되기 때문에 언제든 변할 수 있다.

0-----1-----2-----3-----4-----5

- 나는 나 자신의 가치가 상황에 따라 변한다고 생각한다.

0-----1-----2-----3-----4-----5

출처 : 자존감 안정성의 척도개발 및 타당화 (장재원, 신희천, 2011)

합산한 점수가 낮을수록 자존감 안정성은 높다. 자존감 안정성에서 기억해야 할 것은 자존감도 다른 감정들과 마찬가지로 늘 일정할 수는 없음을 수용하는 것이다. 세상에 완벽한 것이 없다는 것을 알고 나면 더는 완벽함에 집착하지 않아도 되는 것처럼 자존감도 마찬가지다. 어느 때는 자존감이 뚝 떨어졌다가 또 어떤 때는 다른 누군가를 품어주기도 하면서 자존감은 자연스럽게 오르내린다.

그러나 자존감 탄력성이 아무리 뛰어난 사람도 자신을 비난하는 환경에 오래 노출되면 자존감을 안정적으로 지켜내기가 어렵다. 사람들은 소외감을 느낄 때 쉽게 마음이 약해진다. 이것을 상쇄시키려면 평소에 소속감을 느낄 수 있는 환경을 만들어 두는 것이 중요하다. 동료들과 대화를 주고받는 일상적인 경험을 통해서도 우리는 충분히 누군가와 연결되어 있음을 느낄 수 있다. 모진 말을 듣고 나서 마음이 무너질 때, 혼자서 분을 삭이는 대신 가까운 사람에게 위로를 구하는 것도 좋은 방법이다. 나를 지지해 줄 환경을 만드는 방법은 각자의 놓인 상황에 따라 조금씩 다를 수 있다. 다만, 비난을 받아 쪼그라든 자신을 혼자 내버려 두지만 않으면 된다. 외부로부터 끊임없이 자신을 시험당하면서 혼자서 자존감을 지키기란 너무도 어려운 일이다. 자존감을 지키는 것은 나 혼자서 강해지는 것과는 전혀 별개의 문제다. 자존감을 지키는 일에는 그 어떤 상황에서보다 누군가의 지지와 공감이 더욱 절실하게 필요하다.

위험한 나르시시스트	건강한 나르시시스트
자신의 **장점만** 사랑한다	자신의 **단점도** 포용한다
자신을 **부풀려 표현**한다	자신을 **그대로 표현**한다
자신의 **욕구**가 우선이다	타인과 **공감**이 우선이다
타인을 **들러리**로 세운다	타인과 **관계**로 이어진다
실수를 **수용하지 못한다**	실수에서 **교훈을 얻는다**

| Love Yourself |

유년기의 S는 자신을 '건강한 나르시시스트'라고 믿었다. 그녀를 묘사할만한 다른 표현이라면 구김살 없는 사람들을 설명하는 어떤 말이라도 어울렸을 것이다. 그러다 시간이 흐르고 나름대로 인생의 쓴맛을 보면서 그녀는 조금씩 달라졌다. 눈치가 빠른 사회 초년생이 되고, 남들에게 인정받으려고 항상 골몰하더니 언제부터인가 늘 부족해 보이는 자신의 모습이 초라해 견딜 수가 없었다.

그녀는 고민 끝에 자존감 워크숍에 참석해보기로 했다. 워크숍의 하이라이트는 '칭찬 샤워'라는 코너였는데, 각자 듣고 싶은 말을 종이에 적은 후 바구니에 넣으면 참가자들이 한 사람씩 동그랗게 에워싸고 바구니에서 종이를 꺼내서 거기에 적힌 문장을 크게 읽어주는 프로그램이었다. "사랑해!" "최고야!" "정말 멋져요!" 참가자들이 한 마디씩 칭찬할 때마다 그녀의 마음속에서는 '아이.. 아닌데..', '난 아직 멀었는데..' 하는 더 큰 목소리가 들렸다. 진행자의 입장이 난처할까 봐 꾸역꾸역 순서를 마치고 그녀는 자리로 돌아갔다. 진행자가 소감을 물었을 때, 그녀는 모든 참가자가 다 듣도록 마음에도 없는 말을 주저리주저리 늘어놓아야 했다. 그러고는 기어이 모두에게 박수를 받고 대표로 선서까지 낭독했다.

   나는 이제 나를 사랑할 준비가 되었습니다!

   그녀를 따라서 모두가 결의에 찬 표정으로 선서문을 읽어내려갔다. 하지만 정작 그녀는 아직도 자신을 사랑할 준비가 되지 않았다는 실망감에 더해 '앞으로는 나를 사랑해야만 한다'라는 새로운 강박증을 안고 생활관을 나왔다. 그날 밤, 그녀는 악당에게 둘러싸여 괴롭힘을 당하는 악몽을 꾸었다. 한참을 낑낑거리다 겨우 눈을 뜨니 새벽이었다. 책상에는 'OO아 사랑해.' 'OO이 좋아.'라는 문장이 적힌 색종이가 덕지덕지 붙어있는 종이와 콩 단추, 실타래가 어지럽게 놓여 있었다. '자존감 워크숍'에서 색종이를 오려 붙이고, 자신에게 편지를 쓰고, 양어깨를 감싸 쥐고 토닥거려도 봤지만 아무래도 그녀는 다시는 자신을 사랑할 수 없을 것만 같았다. 매일 밤 자신을 사랑하게 해 달라고 기도하고 남들에게 사랑받으려고 애썼지만 한 번도 자신에게 이렇게 말해준 적은 없었다.

                    지금 이대로 충분해.

심리학에서는 최근 자존감의 역기능적 측면의 대안으로써 불교의 연민compassion을 학문적으로 연구하기 시작했다. 불교에서는 존재에 대한 이타적인 마음이 사람을 행복하게 한다고 말하는데, 미국 하버드 의대의 임상심리전문가인 크리스토퍼 거머Christopher K. Germer와 텍사스대학 심리학과 교수인 크리스틴 네프Kristin Neff는 이러한 '연민'의 개념을 자신에게 적용하여 '자기 연민self-compassion'으로 발전시켰다. 이는 자신을 비난하지 않는 '자기 친절', 자신의 고통을 누구나 겪는 것으로 수용하는 '보편적 인간성', 자신의 경험을 균형 잡힌 시각으로 바라보는 '마음 챙김'으로 이루어진다. 자존감이 스스로 특별한 존재임을 자각하는 것과 관련이 있다면 자기 연민은 오히려 보편적인 인간성에 집중한다. 우리는 무언가 대단한 것을 이루지 않아도 충분히 자신을 사랑할 수 있다. 자기 연민은 자신을 불쌍히 여겨 동정하는 마음과는 다르다.

작년 이맘때쯤 '아침형 인간'을 '강박증 환자'로 몰아세우던 명상가에게 깜빡 속아서 늦잠 자기를 계획했던 적이 있다. 나는 틀림없는 '아침형 인간'이면서 억지로 늦잠을 자는 것이 나를 돌보는 것이라고 믿었다니 지금 생각하면 황당하기 그지없다. 어느 베스트셀러 작가의 말처럼 '하마터면 열심히 살뻔했다'고 안도의 한숨을 내쉬었건, '죽어도 떡볶이는 먹고 죽겠다'고 다짐을 하건, 자신을 사랑하는 형태는 각자 다르다. 나른한 봄날 낮잠을 자거나 실수해도 괜찮다고 마냥 토닥이는 것만이 자신을 사랑하는 방법은 아니다. 가끔은 스스로 최선을 다할 수 있도록 밀어붙이기도 하고, 또 어느 때는 혼자서 우쭐한 기분이 들 때까지 자화자찬을 늘어놓아도 좋다. 각자의 상황에 따라 구체적인 방식은 달라지지만 이들은 모두 하나로 통한다. 자신을 온전히 위하는 마음, 사랑의 다른 말은 '연민'이다.

> 내가 사랑하는 사람을 위로하듯
> 나를 위로하는 연습이 필요하다.

자기 친절 Self-kindness
힘들 때 나를 사랑하는 마음

1. 나는 감정적으로 힘들어질 때, 나 자신을 사랑하려고 애쓴다.

2. 나는 힘든 시기를 겪을 때, 내게 필요한 돌봄과 부드러움으로 나를 대한다.

3. 나는 고통을 겪고 있을 때, 나 자신에게 친절하게 대한다.

4. 나는 나 자신의 결점과 부족함에 대해 관대하다.

5. 내 성격 중에서 마음에 들지 않는 부분에 대해 이해하고 견디려고 한다

자기 판단 Self-judgment
부족함을 인정하지 못하고 판단하려는 마음

1. 나는 나 자신의 결점과 부족한 부분을 못마땅하게 여기고 비난하는 편이다.

2. 나는 힘들 때 나 자신을 더욱더 모질게 대하는 경향이 있다.

3. 나는 내 성격 중에서 마음에 들지 않는 점을 견디기 어렵다.

4. 나는 마음에 들지 않는 나 자신의 어떤 면들을 보면, 나를 비난한다.

5. 나는 고통을 겪을 때는 나 자신에게 약간 냉담하게 대하는 경향이 있다.

보편적 인간성 Common-humanity
실수를 인간다움으로 보는 마음

1. 내가 겪는 어려움은 모든 사람이 겪는 인생의 한 부분이라고 여긴다.

2. 나는 마음이 갈팡질팡할 때, 세상에는 나처럼 느끼는 사람들이 많다고 생각한다.

3. 나는 뭔가 부족한 느낌이 들면, 다른 사람들도 마찬가지일 거라고 생각한다.

4. 나는 내가 겪은 실패들에 대해서 누구나 겪을 수 있는 일로 보려고 노력한다.

—

고립감 Isolation
부족하면 세상으로부터 거부당할 것 같은 마음

1. 나는 내 부족한 점을 생각하면, 세상과 단절되고 동떨어진 기분이 든다.

2. 나는 힘들 때, 다른 사람들은 나보다 더 행복할 거라고 느끼는 경향이 있다.

3. 나는 힘들 때, 다른 사람들은 나보다 더 마음 편하게 지낼 거라고 생각한다.

4. 나는 중요한 어떤 일을 망치면, 나 혼자만 실패한 기분이 든다.

—

마음 챙김 Mindfulness
균형 잡힌 시각으로 상황을 보려는 마음

1. 나는 어떤 일 때문에 마음이 상하거나 화가 날 때 평정심을 유지하려고 노력한다.

2. 나는 뭔가 고통스러운 일이 생기면 균형 잡힌 시각을 가지려고 노력한다.

3. 나는 어떤 일에서 실패하면, 그 상황을 가급적 여러 가지 각도로 보려고 노력한다.

4. 나는 기분이 처질 때면 열린 마음으로 내 감정에 다가가려고 노력한다.

—

과잉 동일시 Over-identification
잘못된 일들을 바로잡으려고 집착하는 마음

1. 나는 우울할 때, 잘못된 모든 일을 강박적으로 떠올리며 집착하는 경향이 있다.

2. 나는 중요한 일을 망치면, 내 능력이 부족하다는 느낌에 사로잡힌다.

3. 나는 어떤 일로 기분이 상하거나 화가 날 때, 내 감정에 휩싸이는 경향이 있다.

4. 나는 고통스러운 일이 생기면, 그 일을 크게 부풀려서 생각하는 경향이 있다.

출처: https://self-compassion.org/self-compassion-scales-for-researchers/

나에게도 친절하기

소중한 사람을 떠올려보자.

그가 어려움에 처했거나 잔뜩 풀이 죽어있을 때, 나는 보통 어떤 말을 어떻게 하는가?

이번에는 나를 의기소침하게 만들었던 상황을 한 가지 떠올려보자.

지금 당장 겪고 있는 문제라도 좋다. 이번엔 어떤가?

나는 지금까지 이런 상황에서 나에게 어떤 말을 건네고 어떻게 행동했는가?

사랑하는 사람을 위로하듯 나를 위로하는 연습이 필요하다.

사랑하는 사람을 대하는 것처럼 나에게도 친절하기란 말처럼 쉬운 일은 아니다. 하지만 늘 자신을 비난하고 다그친다면 아무리 훌륭한 심리 상담사를 만나고 SNS 상태 표시줄에 '오늘 왠지 울적함'이라고 호소해도 힘이 되는 위로를 얻기는 어렵다. 진정한 공감과 위로는 '나에게도 친절하기'에서 시작한다. 자신을 너그럽게 수용할 수 있어야 비로소 다른 사람의 공감도 제대로 받아들일 수 있다. 그리고 이러한 감각을 마음으로 기억해두면 힘든 상황에 놓인 누군가에게도 같은 것을 나눌 수 있다. 세상의 모든 관계는 자신을 아끼는 마음에서 시작한다.

완벽주의
신화

| 세상에는 없는 완벽함 |

S는 이삿짐을 정리하면서 기어이 앨범 뚜껑을 열고 말았다. 어수선하게 늘어진 이삿짐들 사이에서도 사진 속 S는 화려하고 생기가 넘쳐 보인다. '저 때가 내 인생의 황금기였는데..' 혼자 중얼거리며 거울을 들여다보니 이번엔 다크서클이 턱밑까지 내려온 아줌마가 수면 바지를 추켜 입고 앉아있다. 더 나아지기는커녕 예전만도 못하다는 생각에 잔뜩 풀이 죽어있는데 눈치 없는 그녀의 남편이 옆에서 한마디 거든다.

"그때는 당신 다크서클이 방바닥까지 내려왔었어. 그치?" 조금 전까지 사진 속 S는 생기 넘치는 커리어 우먼이었는데 남편의 한마디로 산통이 깨졌다. 그런데 정말 그랬다. 사진 뒷면에는 'summer, 2015'라는 글씨가 조그맣게 적혀 있었다. S에게 2015년은 좀비처럼 일만 하던 악몽 같은 한 해였다.

과거는 가장 기억하기 좋은 형태로 왜곡된다. 우리 뇌의 합리적인 기억 시스템 덕분에 아무리 힘든 일도 지나고 나면 좋은 추억으로 남는다. 그래서 누군가 옆에서 환상을 깨 주지 않으면 자신의 현재는 예전만도 못하다는 자기 비하에 빠지기 십상이다. 그러다 일상으로 돌아왔을 때는 SNS로 증명되는 완벽함의 증거들이 이런 조바심에 불을 지핀다.

'나만 엉망이야.'
'나만 제자리라고.'

하지만 SNS에 업로드된 그들의 화려한 증거 사진 역시 그녀가 이삿짐 먼지를 뒤집어쓰고 뒤적였던 사진첩 속 추억과 별반 다르지 않다. 근사한 레스토랑에서 혼자 사진을 찍은 것을 보면 사진 구도를 잡는 동안 화가 난 연인과 식어 빠진 스테이크를 먹었는지도 모른다. 귀에 딱지가 앉도록 듣는 라떼 부장님의 화려한 과거도 마찬가지다.

사람들은 잘 포장된 다른 사람들의 모습을 보고 '나도 저렇게 누리며 살고 싶다.' 혹은 '나도 한때는 완벽했다.'는 부풀려진 기억을 떠올리며 '완벽함'이 실제로 존재한다고 믿어버린다. 그러나 완벽은 이상을 넘어 비 현실에 가깝다. 완벽한 것이 존재한다는 잘못된 믿음은 불완전한 모습을 숨기고 자신을 과장하는 데에 에너지를 낭비하게 만든다. 솔직하게 자신을 드러내는 순간부터 관계가 시작되지만, 완벽주의의 신화에 빠져있으면 부족한 모습이 들킬까 봐 겁이 나서 영영 솔직해지기가 어렵다. 사람들과 아무리 오랜 시간을 함께 보내더라도 연결되지 못하면 관계는 공허해진다. 그 공허함이 무리 속에서도 자신을 외롭다고 느끼게 만드는 것이다.

긍정적인 에너지로 늘 생기를 뿜어내는 여대생 K가 있다. 학기 내내 4점대의 평점을 유지하면서 학술 동호회의 부대표이기도 하고, 곧 축제에서 있을 사물놀이 공연에서는 공연을 리드하는 '상쇠' 역할을 맡았다. 한 사람이 모두 해내기에는 벅찬 일이지만 그녀는 남들에게 이 모든 일을 애쓰지 않고도 거뜬히 해치우는 것처럼 보이기를 원했다. 그러고는 늘 이렇게 말했다.

**"남들이 저만큼 시간을 투자했다면 훨씬 더 잘 해냈을 거예요.
투자한 시간에 비하면 형편없는 결과에요."**

매사에 효율성을 따지다 보니 그녀는 노력하면 할수록 더 심한 열등감을 느낄 수밖에 없었다. 나는 K에게 잘하고 있다고 말해주고 싶었지만 여기서 한마디를 더했다가는 990점 만점인 토익점수가 어째서 970점밖에 되지 않는지를 설명하기 시작할 것 같아서 이쯤에서 참기로 했다.

완벽주의는 크게 자기 지향적self-oriented 완벽주의, 타인 지향적other-oriented 완벽주의, 사회적으로 부과된socially prescribed 완벽주의로 구분된다Hewitt & Flett, 1991. 여대생 K처럼 자기 지향적 완벽주의 성향이 높으면 스스로 만든 비합리적인 기준에 도달하기 위해 끊임없이 자신을 채

찍질하게 된다. 잘하고 있다는 위로는 이들에게 그다지 힘이 되지 않는다. 오히려 대단치도 않은 일을 하느라 온 힘을 쏟는다는 것을 부끄럽게 여기거나 일을 완벽하게 해냈더라도 효율성이 낮은 것을 문제 삼는다.

이런 성취 불감증에 더해 이들은 부정적인 감정을 약점이라고 생각하기 때문에 항상 긍정적인 말과 행동으로 자신을 포장하려고 한다. 그러다 보면 자신을 드러내는 것이 점점 어려워진다. 늘 자신만만해 보이던 여대생 K 역시 '어떻게든 되겠지요'라는 쿨해 보이는 호언장담을 입에 달고 살았다.

모든 일을 거뜬히 해내는 것처럼 보이는 이들에게는 주변으로부터 점점 과중한 기대치가 집중된다. 슈퍼맨의 가면을 쓰고 다른 사람들을 착각하게 만든 결과다. 아무리 어려운 일을 맡겨도 척척 해내는 것처럼 보이지만 실상은 한계까지 왔다는 것을 끝내 말하지 못하고 혼자서 힘든 시간을 버텨낸다. 주변에서 이런 것들을 세심하게 살피는 누군가가 있다면 다행이지만 효율성의 가치에 따라 바삐 돌아가는 세상은 모두에게 그렇게 너그럽지 못하다. 노력하면 할수록 루저가 되어버리고 그것을 들킬까 봐 다시 숨게 되는 악순환에서 벗어나려면 어떻게 하는 것이 좋을까? K와 나는 몇 가지 원칙들을 세우기로 했다.

—
우리의 세 가지 약속

1. 완벽은 없다는 것을 인정하기

2. 시작도 하기 전에 겁먹지 않기

3. 과도한 목표로 압박하지 않기

| 당신은 최선을 다했다 |

우리는 경험을 통해 완벽한 순간은 절대 오지 않는다는 것을 자연스럽게 알게 된다. 다만, 한계에 부딪혔을 때 능동적으로 맞서지 않고 수동적으로 버티거나 상황을 회피해버리면 이 사실을 깨닫는 데 시간이 오래 걸린다. 자신이 완벽하다고 착각하면 어려운 상황에서 남에게 책임을 전가하거나 운이 좋지 않았다며 세상 탓을 하게 된다. 불완전함을 일단 수용하고 그것을 개선하려고 노력하는 과정에서 우리는 성숙할 기회를 얻지만, 완벽주의 신화에 빠져있으면 경험을 통해 배우기가 어렵다. 게다가 지나치게 목표 지향적인 완벽주의자는 자신의 기준에서 이상적인 결과를 위해서는 무엇이든 정당화될 수 있다고 믿기 때문에 잘못된 수단을 쉽게 합리화하는 경향을 보이기도 한다. 두 경우 모두, 세상에는 '불가능'도 있고 '적당히'도 있다는 사실을 받아들이지 못한다.

결정 심리학에서는 항상 최대치를 추구하는 사람들을 '맥시마이저

maximizer'라고 부른다. 이들은 '불가능'과 '적당히'를 '포기'나 '타협'으로 치부해버리고 자신에 대한 의심을 쉽게 내려놓지 못한다. 그러나 완벽을 목표로 하는 일은 상대적으로 성취하기 어렵고, 완벽주의자는 필연적으로 성취감보다는 좌절감을 자주 느끼게 된다. 감정도 행동과 마찬가지로 반복하면 습관이 되는데, 좌절감을 느끼는 뇌가 자주 자극을 받으면 그 부위가 예민해지고 쉽게 좌절하는 뇌로 바뀌어 이른바 '습관적 좌절감'에 빠지고 만다. 그래서 다른 사람들에게는 적당히 도전적인 과제도 완벽주의자에게는 극기훈련처럼 느껴지는 것이다.

이들은 얼핏 보면 다른 사람에게 피해 주지 않고 매사에 최선을 다하는 성실한 사람처럼 보인다. 실제로 초기 완벽주의 연구에서는 자기 지향적 완벽주의자를 긍정적으로 분류하기도 했다. 그러나 이들과 가까운 사람들은 늘 불안해하고 쉽게 좌절하는 안타까운 모습을 항상 지켜보며 늘 함께 마음 졸여야 한다. 게다가 자신에게 너그럽지 못한 사람들은 누군가를 배려하고 아량을 베푸는 것에도 인색할 수밖에 없다. 다른 사람에게 일부러 깐깐한 잣대를 들이대지 않더라도 스스로 마음의 여유를 경험하지 못한 사람들은 다른 관계에서도 마찬가지로 비슷한 긴장감을 느끼게 마련이다.

절대로 포기해선 안 돼!

현실과 타협할 순 없어!

듣기만 해도 숨이 막힌다. 그런데 놀라운 사실은 실제로 성공하는 사람들도 대부분 이와 비슷한 생각을 한다는 점이다. 그렇다면 여유롭게 성공하는 사람들과 매 순간이 고통스러운 완벽주의자의 동기부여는 어떻게 다른 것일까?

> L의 별명은 칸트다. 늘 같은 시각에 산책했던 칸트가 환생이라도 한 듯, 출퇴근 시간이 정확하다. 가끔 중요한 프로젝트가 있을 때는 예외지만, 평소에는 점심을 거르거나 주말에 출근하는 일도 거의 없다. 그런데 동기들보다 진급도 빠르고 회사 생활도 꽤 즐거워 보인다. 그가 스카우트 제의를 받았을 때 조금 망설이기는 했지만 과감히 이직한 것을 보면 회사에 특별한 인맥이 있었던 것 같지도 않다. 그에게 비결을 물으면 늘 자신이 맡은 일에 최선을 다할 뿐이라는 대답이 돌아온다.

L의 성공 비결은 그가 말한 대로 '최선을 다한 것'에 있었다. 그는 어떤 일도 쉬엄쉬엄하는 법이 없지만 일단 '최선을 다했다'라는 생각이 들면 거기서 멈춘다. 그리고 남은 에너지는 비축해두었다가 다음번에 다시 고도의 집중력을 발휘할 때 쓴다. 스스로 '이것이 최선인가?'를 묻고, 그렇다고 생각되면 최선을 다한 자신을 인정해 주는 것이다. 끝까지 몰아붙이는 것을 '최선'이라고 생각하는 완벽주의자와는 전혀 다른 기준으로 '자신을 인정해 주는 것'이 그의 성공 비결이다.

이렇게 최선을 다한 자신을 알아주지 못하면 결국은 에너지가 완전히 바닥날 때까지 자신을 소진하게 된다. 이것이 마지막에 다시 이야기 나눌 번아웃 증후군burnout syndrome의 주요 원인 중의 하나다. 늘 마감 직전까지 일거리를 붙들고 있는 것도 마찬가지다. 충전이 덜 된 전동 드라이버를 무리해서 사용하면 계속 시원찮게 돌아가다가 결국은 작은 나사못 하나 제대로 박지 못하고 멈춰버린다. 제때 충전만 해 주었어도 한참 동안 잘 사용할 수 있었을 텐데, 관리를 소홀히 한 탓에 아예 못쓰게 되어버린다. 벼랑 끝까지 자신을 밀어붙이는 것만이 최선을 다하는 것은 아니다. 크게 성공하는 사람들은 목표를 이루지 못했을 때 자신을 공격하며 쥐어짜는 대신에 '실패는 성공의 어머니'라는 친절한 명언을 떠올리며 자신을 다독일 줄 안다.

우리가 최선을 다할 때 동기부여의 방식은 크게 두 가지로 나뉜다. 하나는 손실을 피하려는 '회피 동기'이고 다른 하나는 좋은 것을 얻기 위한 '접근 동기'이다. 만일 단기간에 달성해야 하는 목표가 있다면 절실한 각오에서 나오는 위기감이 일시적으로 도움이 될 수 있다. 일을 끝마치지 못했을 때 닥칠 어려움을 떠올려보면 정신이 번뜩 드는 것이다. 그러나 '회피 동기'에 따라 늘 뒤처지지 않으려고 노력하는 삶은 뭔가를 이루더라도 행복을 만끽하지 못한다. 성취보다는 불안에 집중하는 사고방식에 익숙해졌기 때문이다. 우리의 사고방식은 의식하지 않으면 자신에게 익숙한 방향대로 흘러간다. 무엇을 성취하건 습관적으로 또 다른 두려움을 찾아내어 문제를 해결해 온 사람은 불안한 마음 때문에 닥치는 대로 자신을 소진시키며 '최선'을 남용한다. 이것이 단기간에 효과를 내는 '회피 동기'의 어두운 면이다.

'성공'은 단기적인 성과로 얻어지지 않는다. 크게 성공한 사람들은 공통적으로 '접근 동기'가 강한데 이들의 관심은 당면한 프로젝트의 성패보다는 최종 목적인 긍정적인 결과에 초점이 맞춰져 있다. 회피 동기가 버티는 힘을 지탱한다면 접근 동기는 이겨내는 힘을 보태준다. 실패에도 포기하지 않는 정신력은 매 순간 최종 목적을 상기시키는 '접근 동기'에서 나온다. 닥쳐올 불안을 예측하여 맷집을 키우는 것이 아니라 결국은 해낼 자신의 모습을 상상하며 마음 근육을 단련하는 것이다. 최선을 다한 자신을 인정할 수 있을 때 설령 단기적인 성과가 부족하더라도 자신을 몰아세우지 않고 꾸준히 나아갈 수 있다.

| 게으른 완벽주의를 떠나는 법 |

　　게으른 완벽주의자는 쉴 때도 번아웃burnout이 온다. 아무것도 하지 않는 것처럼 보여도 마음은 한순간도 제대로 쉬지 못했기 때문이다. 세상에는 무책임한 게으름만 있는 것은 아니다. 회피 동기로 움직이는 습관이 생기면 쉽게 불안해지고 여기에 완벽해야 한다는 부담감이 더해져 실행력이 떨어지게 된다. 그러다 결국은 게으름을 피우게 되는 것이다. 이때는 '불안한 무기력'을 벗어나는 것이 먼저다. 정신력을 맹신하는 완벽주의자는 번아웃이 왔을 때도 정신력으로 이겨내겠다고 다짐하지만, 정신이 신체를 지배한다는 말은 번아웃 상태에서는 절대 통하지 않는다.

이때는 맛있는 음식을 먹거나 조금씩이라도 몸을 움직여보면 신체의 생화학적 작용이 함께 일어나 마음을 다잡는 데에 큰 도움이 된다. 쉬는 것도 용기다. 용기 내서 잠시 하던 일을 멈추면 다시 시작할 힘이 생긴다. 충분히 '할 수 있다'는 생각이 들면 그때 다시 시작해도 늦지 않다. 마음은 '해야 한다'고 스스로 다그치면서 입으로만 '할 수 있다'고 중얼거려봤자 손가락 하나 까딱할 힘도 생기지 않는다. 정신력을 회복할 아무런 시도도 하지 않고 '역시 나는 게으른 사람'이라는 꼬리표를 스스로 달고 '불안한 무기력' 상태로 돌아가게 될지도 모른다. 정신력을 회복할 수 있는 나만의 방법이 필요하다. 이와 관련해서는 이 장의 마지막 〈진짜 재부팅〉에 간단히 정리해 두었다.

'못 하는 게 아니라, 안 하는 거야.'

K는 유능하고 센스 있는 산업 디자이너다. 그의 획기적인 디자인은 사람들의 주목을 끌기에 충분했다. 그런 그에게 단 한 가지 단점이 있다면 항상 마감 시간에 임박해서야 겨우 일을 마친다는 것이다. 어느 때는 기대에 훨씬 못 미치는 결과물을 들고 와서는 다른 일을 하느라 전날 새벽에야 일을 시작했다고 변명을 늘어놓기도 했다. 그의 말대로 반나절만의 성과치고는 대단한 것이었지만 안타깝게도 그의 결과물은 기대만큼의 성과를 내지 못했다. 그때마다 자신은 결과에 연연하지 않으며 음지를 지향하는 한량이라고 떠벌리고 다니기까지 한다. 아티스트라면 모름지기 자신과 같아야 하지 않겠냐는 뚱딴지같은 소리는 덤이다.

사실 회사에서 그의 완벽주의 성향을 모르는 사람은 없다. 하지만 유능한 팀원이 큰 프로젝트를 앞두고는 늘 한량 행세를 하니 주변에서도 답답할 노릇이다. 그는 자신이 재능 있는 아티스트로 알려졌지만, 기대에 못 미치는 결과물이 나올까 봐 내심 두려웠다. 단지 다른 사람의 시선 때문만은 아니었다. 실패하더라도 불리한 조건을 핑계 대면 자신의 능력을 의심받지 않아도 되고, 성공하면 '그럼에도 불구하고' 타이틀을 얻게 되니 그에게는 어느 쪽도 나쁘지 않았다. 이처럼 자존심을 지키기 위해 외부로 핑계를 돌리는 현상을 '자기 불구화self handicapping'라고 한다.

　　누구나 부족한 자신을 마주하는 일은 두렵다. 더구나 보기보다 겁이 많은 '완벽주의자'에게는 더욱더 그렇다. 완벽해지려는 마음이 클수록 두려운 마음도 큰 것이 당연하다. 하지만 이런 두려움을 극복하지 않고서는 어떤 일도 제대로 해낼 수가 없다. 이때 가장 먼저 해야 할 일은 '완벽주의'가 주는 거짓 안정감을 바로 보는 것이다. '완벽주의'는 완벽을 추구하는 대단한 일이라기보다는 현실 회피에 가까워서 우리를 마음만 먹으면 뭐든 할 수 있다고 믿는 유아적인 사고방식에 머무르게 만든다. 일단 일을 시작하면 완벽하게 끝내야 한다는 부담감 때문에 일을 미루다가 소위 '게으른 완벽주의자'가 된다. 혹은 어렵게 시작은 했더라도 '완벽하지 못한 처음'을 버텨내지 못하고 안전지대로 돌아가기를 반복하거나, 더 안전하게 아무것도 하지 않은 채로 '마음만 먹으면 언제든 할 수 있다.'고 핑계를 대기도 한다.

그렇다면 완벽주의가 긍정적으로 작동하기 위해서는 무엇부터 해야 할까?

첫 번째 단계는 '용기 내어 시작하기'다. 결과물이 얼마나 완벽한지를 따지기 전에 과정에서 이루어 낸 것들에 집중하겠다고 마음먹는 것이다. 최선을 다하는 자신을 인정해 주기로 했던 이전의 다짐을 되새겨보자. 완벽하게 해내지 못할까 봐 지금까지 놓쳐버린 수많은 기회를 돌아보라. 완벽해질 때까지 아무것도 아니라는 All or Nothing의 사고방식을 내려놓는 순간 '시작하는 용기'가 생긴다. 실패한 후에 '다시 시작하는 용기'도 여기서 나온다.

오랫동안 계획했지만, 여건이 되지 않아 시작하지 못한 한 가지 목표를 떠올려보라.

두 번째는 구체적인 기준으로 목표를 세우는 것이다. 여기에는 '최대한 잘'이나, '최대한 빠르게'를 대신할 만한 현실적인 기준이 필요한데, 이것은 목표를 낮추어 현실과 타협하는 것과는 다르다. S.M.A.R.T Specific Measurable Attainable Realistic And Timely 한 목표는 구체적이고, 측정 가능하며, 달성할 수 있을 만큼, 현실적이어야 한다. 마지막으로 시간을 정하는 것이 좋다. 강박적인 완벽주의자는 마지막 순간까지 일에서 손을 떼지 못하는 경우가 많은데, 이때 마감기한을 정하는 것은 가장 현실적인 타협점을 제공해 준다. 여기에도 최선을 다한 결과를 수용할 수 있는 용기가 필요하다.

Specific 명확한 목표 : 육하원칙으로 구체화 who / when / where / what / how / why

> 나의 **S**

Measurable 측정 가능한 목표 : 중간 목표, 최종 목표의 달성 여부를 확인할 수 있는 방법

> 나의 **M**

Attainable/ Assignable 실행 지향적인 목표 : 목표 달성에 필요한 능력, 기술, 자원 검토

> 나의 **A**

Realistic/ Relevant 최종 목표와 연관성 있는 현실적인 목표 : 수행 경험이나 여건을 고려

> 나의 **R**

Time-limited 목표 달성을 위한 세부적인 기한 설정 : 중간 목표, 최종 목표의 달성 시점

> 나의 **T**

출처 : 목표 설정의 SMART 기법
(George T. Doran, 1981, 'There's S.M.A.R.T. Way to Write Management Goals and Objective')

| S.M.A.R.T. 한 목표 설정의 오류 |

완벽주의자는 끊임없이 목표를 세운다. 새로운 목표를 경신할 때마다 완벽해진다고 믿는 이들에게 측정 가능한 목표는 끊임없이 자신을 측정하게 만들고, 그 결과물은 자신과 남들을 비교하는 기준이 된다. 여기서 목표 설정의 오류가 시작된다. 측정이 가능하도록 목표를 설계하는 이유는 강박증을 부추겨 일에 더욱 매진하게 하거나 다른 사람과 비교하여 우월감이나 열등감을 자극하기 위해서가 아니다. 그것이 자신을 객관적으로 검토하는 도구로 쓰일 때 스마트S.M.A.R.T. 한 목표 설정이 효과를 발휘한다.

'곧 도달할 것 같은 목표'는 중독을 일으키는 결정적인 요인으로 알려져 있다. 확률적인 근거는 전혀 없지만 한 자릿수가 어긋난 복권을 보면서 안타까워하거나 한 끗 차이로 본전을 잃게 된 도박꾼은 여지없이 올인을 외친다. 이와 마찬가지로 완벽주의자는 새로운 목표를 세울 때마다 일에 더욱 박차를 가한다. 조금만 더 하면 될 것 같은 그 기분을 느끼기 시작했다는 것은 어쩌면 목표에 중독되고 있다는 증거일지도 모른다. 자신이 특별히 목표 지향적이기 때문이라기보다 세상이 이끄는 대로 나도 모르게 목표 중독자가 되었을 수도 있다.

당신의 목표는 정말 SMART 한가?

누군가는 해냈으니 나 역시 어떻게든 해낼 수 있을 것이라는 착각을 전제로 목표는 더욱 견고해진다. 분명 S.M.A.R.T. 하게 목표를 세웠으니 일을 완수하지 못한다면 노력이 부족했다는 결론에 도달하고 만다. 그도 그럴 것이 자신을 쥐어짜기 위해 만든 계획은 이미 S.M.A.R.T Specific Measurable Acceptable Realistic And Timely 한 경우가 많다. '빈틈 없이' 구체적specific이며, 측정 가능measurable하고, 달성acceptable할 수 있을 듯하며, 실현realistic되어야만 하는 데다가 시간이 '빠듯하게' 정해져timely 있다. 이렇게 과도한 목표 설정이 강박적인 완벽주의와 결합하여 자신을 몰아붙인다.

나태해지지 말자!
이 평안은 반드시 대가를 치르게 될 거야…

원하는 회사에 입사하고 나면, 월 매출 천만 원을 찍고 나면, 저 사람과 첫 데이트에 성공하면, 그다음부터 행복할 거라는 가정을 세워놓고 자신이 상상하는 만족감의 수준에 걸맞은 '노오력'이 필요하다고 믿는다. 이것을 자신과의 싸움에서 승리하는 것이라고 착각하며 최선을 다해 취직과 이직을 반복하고, 매출이 늘어 할 일이 곱절이 되면 그때는 감당을 못해서 불행하다고 말한다. 게다가 첫 데이트의 달달함은 대개 첫 데이트로 끝이다. 이처럼 목표를 달성해도 기쁘지 않았던 경험은 더욱 '노오력'이 필요한 새로운 목표를 세우는 계기가 된다. 지금은 '진짜' 목표하는 것들을 이루지 못했으니까 행복하지 않은 것이 당연하다고 쉽게 결론을 내린다.

심리학자 대니얼 네틀Daniel Nettle의 연구에 따르면 미래의 행복을 예측하는 데 가장 확실한 근거는 다름 아닌 '현재의 행복'이다. 흔히 성공적인 인생의 증거로 손꼽히는 것들의 성취 여부는 미래의 행복을 제대로 예측하지 못했다. 우리는 익숙한 것에서 편안함을 느낀다. 행복을 미루기만 하던 사람은 행복한 일상을 누리지 못하고 기어이 불안한 상황으로 자신을 내몬다. 늘 고난을 극복하고 '진짜' 목표를 달성한 사람만이 행복할 자격이 있다고 믿어 왔기 때문에 행복감을 누리지 못하는 것이다. 나중의 행복을 위해서 지금 이 순간을 희생해야 한다는 생각은 대체 어디서 왔을까?

우리는 가끔 자기 극복의 신화에 빠져서 소중한 것들을 놓치고 만다. 그러나 어렵게 달성하는 것들만 가치 있는 것은 아니다. 지켜내는 것이 진짜 용기다. 나를 지지하는 가족, 응원하는 친구, 그리고 자신의 삶에 항상 최선을 다하는 '현재의 나'와 '지금 이 순간'이 모두 용기 있게 지켜내야 할 것들이다. 경험한 적 없는 그야말로 완벽한 꿈이 행복을 보장해 주지는 않는다. 행복은 상상력으로 꿈꾸는 이상적인 상태가 아니라 경험으로 직접 체득하는 과정이다. 완벽의 신기루가 아닌 '현재의 나'를 위해 소중한 것들을 감사함으로 지켜낼 때 행복한 삶이 만들어진다.

인간은 환경에 적응하며 살아간다. 그래서 힘든 상황을 극복하며 다시 살아갈 힘을 얻는다. 그런데 고통에 적응하는 이런 능력은 정반대의 상황에서도 똑같이 발휘된다. 행복에도 마찬가지로 너무 쉽게 적응해 버리는 것이다. 한때 절실했던 것들은 어느 순간 당연해지고 그렇게 당연해진 행복에 적응하게 된다. 그러고는 더 높은 목표, 새로운 무엇인가를 찾느라 현재의 행복을 제대로 누리지 못한다. 그러다 모든 것이 한순간에 사라지는 경험을 하고 나서야 잠깐 삶을 돌아보는 시간을 갖지만 대부분 한 박자 늦은 후회다. 감사하는 습관은 우리가 행복에 '적응'하지 않도록 돕는 가장 구체적인 실천법이다. 행복은 완벽을 추구하는 삶에 있는 것이 아니다. 소중한 사람들과 함께 당연한 듯 누리는 이 모든 일상이 바로 행복이다.

| 인정받지 못해서 상처 입는 사람들 |

완벽주의가 타인에게 인정받으려는 욕구로 이어지는 경우 '사회부과적 완벽주의'로 분류된다. 사회부과적 완벽주의자는 다른 사람들이 자신에게 높은 기준을 설정하고 있으며 자신을 엄격하게 평가한다고 생각한다. 이것은 타인의 기준에 맞출 수 없을 것에 대한 걱정과 부정적인 평가를 받을 것에 대한 두려움, 다른 사람들의 인정을 받고자 하는 욕구에서 비롯된다Hewitt & Flett, 1991. 뛰어난 성과로 인정받은 경험이 많을수록 이러한 완벽주의에 빠질 확률이 높다. 다시 말해 평소에 똑똑하다고 칭찬을 많이 받은 아이일수록, 성공 경험이 많은 사람일수록 오히려 완벽함에 집착하기 쉽다는 것이다. 그러나 이들이 집착하는 것은 결과의 완성도를 높이는 데서 그치지 않는다. 자기부과적 완벽주의자가 엄격한 자기검열로 번아웃을 겪는다면, 사회부과적 완벽주의자는 다른 사람들의 눈치를 보느라 인간관계에서 쉽게 피로감을 느낀다.

'다른 사람들이 나를 어떻게 생각할까?'

'나를 보고 대단하다고 할까?'

'내가 너무 형편없어서 다음번에는 끼워주지 않으면 어쩌지?'

이들에게 관계를 구분하는 두 가지 기준은 열등감과 우월감이다. 열등감을 느낄 때는 자신의 못난 모습이 들킬까 봐 겁이 나고, 자신보다 부족해 보이는 사람과 있으면 언뜻 자신의 모습을 보는 것 같은 불편함을 느낀다. 여기서 자신이 조금이라도 낫다고 믿으려면 상대방을 낮추는 수밖에 없다. 그래서 열등감에 빠진 사람의 눈에는 저절로 상대방의 결점이 먼저 보이고, 주변은 소위 '나쁜 사람들'로 우글거린다. 그러다 자신이 불완전한 무리에 속해 있다는 생각이 들면 다른 사람들에게 자신도 같은 평가를 받을 수 있다는 생각에 두려워하며 누구보다도 편 가르기에 열성적인 사람들이기도 하다.

사회부과적 완벽주의자는 완벽하지 못해서 괴로운 것이 아니라

인정받지 못해서 괴롭다.

완벽하지 않으면 어떤 일이 생기는가?

왜 그렇게까지 완벽해지려고 하는가?

2017년에 발표된 한 통계에 따르면 2-30대 청년의 18%가 이런 사회부과적 완벽주의에 시달리고 있는 것으로 나타났다. 1989년 9%에 불과

하던 것이 배로 증가한 것인데, 이대로라면 2050년에는 청년 중 3분의 1이 이러한 정신적인 고통을 겪게 될 것이라고 예측했다Thomas Curran & Andrew Hill, 2017. 이들은 남들보다 낫다는 일시적인 위안을 얻기 위해 상대방을 폄하하고 비난하는 행동도 서슴지 않는다. 성과를 내지 못하면 사회에서 거부당할지도 모른다는 불안 속에서 다른 사람에게 인정받거나 비난당하지 않으려고 항상 최선을 다한다. 우리 주변에는 이처럼 자신이 어딘가에 소속될 만한 가치가 있다는 것을 타인에게 증명하기 위한 방법으로 완벽주의를 선택하는 이들이 적지 않다.

매번 야근을 자처하는 성실한 회사원 K가 있다. 그는 한결같이 최선을 다하는 모습으로 모두의 신임을 받고 있다. 그런데 정작 그는 사소한 실수에도 한순간에 무능해져 버린 것 같아 괴로울 때가 많다. 급기야 히스테리를 부리는 상사 앞에서조차 그는 자신이 무능하기 때문에 비난받아 마땅하다는 결론에 도달하고야 만다.

'아, 이런 일에서도 실수를 하다니 나는 진짜 멍청이다'.
'사람들도 속으로 이렇게 생각하겠지?'
'정말 욕먹어도 싸다. 싸.'

그는 이런 끔찍한 기분에서 벗어나기 위해 끊임없이 애를 쓰는 악순환을 반복한다. 이미 충분히 성과를 내고 있지만, 불량률 제로를 위해 멀쩡한 컨베이어 벨트를 끊임없이 보수한다. 좀 더 완벽해지면 사람들에게 더욱 인정받을 수 있다고 생각하며 이것을 의미 있는 관계를 위한 전제 조건이라고 믿는다. 그의 이런 속 사정을 알고 나면 매사에 완벽을 추구하는 모습에 측은한 생각마저 든다.

진화론적 관점에서 인간은 위험한 상황에 놓이면 그 상황에서 빨리 벗어나기 위해 부정적인 단서에 저절로 예민해진다. K가 상사로부터 처음 부정적인 평가를 받았을 때 그의 예민한 성격 탓에 어쩌면 남들보다 조금 더 민감하게 반응했을지도 모른다. 그는 두 번 다시 그런 평가를 받지 않겠다고 다짐하며 남들보다 먼저 자신의 결점을 찾아내기 위해 자신에게 점점 엄격해질 수밖에 없었을 것이다. 그렇다면 만일 그가 칭찬을 받고 어깨가 으쓱했다면 어땠을까? 드디어 유능한 구성원으로 인정받았다며 마음을 내려놓았을까? 다른 사람의 평가에 민감한 이들에게 칭찬은 '보상'이 아니라 '압박'이다. 그래서 기대에 미치지 못해 부정적인 인상을 남기느니 아예 기대치를 낮추려고 칭찬받기를 거부하고 자신을 낮추기도 한다. 실제로 K는 다시는 비난받는 상황으로 돌아가지 않기 위해 온갖 노력을 다해야 했다. 그 노력은 이전에 했던 노력의 몇 곱절이나 되었다. 비난받지 않으려는 마음과 인정받고 싶은 마음은 그 기준이 '다른 사람'에게 있다는 점에서 작동 원리가 같다. 이처럼 기준이 타인에게 있을 때는 평가를 기다리는 것 외에는 다른 사람의 마음을 내가 어쩔 도리가 없다. 그래서 항상 사람들의 눈치를 살피고 오히려 관계 속에서 무기력해지기 쉽다.

그런데 여기서 '남의 눈'은 '나의 생각'에 따라 다르게 보이기도 한다. 우리는 상대방의 마음을 직접 보지도 듣지도 못했으면서 쉽게 넘겨짚어 버릴 때가 많다. 이것이 '인지왜곡cognitive distortion'의 시작이다. 불안한 나의 마음이 평범한 상황을 위험 상황으로 잘못 해석하여 방어적으로 생각하고 행동하게 만든다. 상대방이 자신을 엄격하게 평가할 것이라고 생각하면 누군가 아무리 좋은 말로 칭찬해도 완곡하게 다그치는 것으로밖에 들리지 않는다.

| Why를 What으로 바꾸기 |

회사원 K의 사례에서처럼 '실수하는 나=멍청이'라는 엉터리 공식을 세우면 실수가 두려워지기 마련이다. 이 공식대로라면 실수한 것이 들키면 다른 사람들이 보기에도 영락없이 멍청이가 되기 때문이다. 인과관계가 분명한 상황에서 문제 해결의 첫 단추는 원인 분석이지만 이것이 모든 문제 해결에 적용되지는 않는다. 특히 자기 비하에 빠져있는 사람에게 '왜'로 시작하는 질문은 다음과 같은 흐름으로 이어져 결국 스스로 문제를 해결하는 것을 포기하게 만든다.

'왜 이런 일이 일어났지?'
'내가 왜 그랬지? 내가 그럴 리 없는데…'

이때는 '실수한 상황'과 '나'를 분리해서 생각해 보는 것이 도움이 된다. 이 과정에서 생각의 확장을 돕는 단어가 '무엇'이다. '왜'를 '무엇'으로 바꾸어보라. 이렇게 하면 자신에게 사람들의 비난이 집중된다는 착각에서 빠져나와 '문제'로 초점을 돌리게 된다.

'지금 무슨 일이 일어나고 있지?'

'지금 무엇을 해야 하지?'

자신은 실수할 리 없는 완벽한 사람이라는 생각을 내려놓으면 실수에서 문제 해결의 실마리를 찾기가 쉬워진다. 지난 일에 집착하여 후회하는 대신 현재를 바로 보고, 행동할 수 있는 에너지를 얻을 수 있다. 실수한 상황을 알아차리는 즉시 '무엇'을 떠올려보라.

다음으로, 상황을 설명할 때는 객관적인 표현을 사용하는 것이 좋다. 극단적인 단어 사용을 줄이는 것만으로도 문제 상황을 좀 더 현실적으로 바라볼 수 있는 힘이 생긴다. 대개 완벽주의자의 자기 비하는 극단적인 표현으로 시작한다.

"저 때문에 이번 프로젝트를 완전히 망쳐 버렸어요."

그런데 이야기를 듣고 보면 그 사람 때문도 아니고 '완전히' 망쳐버리지도 않았다. 극단적인 표현은 말 그대로 자신을 완전한 절망감으로 몰아넣는다. 다른 사람이 실수했을 때에도 그렇게 상대방을 몰아세웠던가? 그럭저럭 정신력이 버텨줄 때는 이런 독설이 자극제 역할을 하기도 하지만 이 또한 완벽주의자에게는 해당 사항이 없다. 문제 상황에 맞닥뜨릴 때마다 자신을 몰아세우는 습관은 결국 자신을 부정적인 감정의 패턴에 익숙해지도록 만든다. '무엇'으로 사고를 전환할 타이밍을 놓쳤을 때 완벽주의자는 자기 비하에 빠진다. 상황이 이쯤 되면 '실수하는 나는 ○○○이다'에 세뇌당한 뇌는 모든 상황을 부정적으로 받아들이기 시작한다. 위로의 말은 빈정거리는 것처럼 들리고, 긴장을 풀기 위한 상대방의 멋쩍은 표정이 비웃음으로 보인다. 이렇게 오해가 시작되면서 관계를 망가뜨리는 가장 확실한 길로 들어서게 된다.

완벽주의자의 '자기 비하'는 어디서 오는 걸까? 병원에 가면 간호사 선생님이 주사를 놓기 전에 먼저 엉덩이를 톡톡 친다. 마음의 준비를 하라고 톡톡 쳐 준 덕분에 주삿바늘이 들어와도 별로 아프지가 않다. 사실은 좀 아프지만 참을만하다. 놀랍게도 '자기 비하'는 이것과 같은 원리로 작동한다. 외부로부터 비난이나 질책을 당하기 전에 스스로 마음의 준비를 하느라 톡톡 친다는 것이 '잽jap'이 아닌 '훅hook'을 날리는 것이 문제다. 이들도 처음에는 자신을 기준으로 상대방을 비난한다.

'나는 잘하는데, 다들 왜 저러지?'
'나는 열심히 하는데, 다들 왜 저렇게 대충대충이야?'

그러다 '우연히' 세상의 기준에 훨씬 못 미치는 자신의 모습을 발견하게 되면 남들도 그렇게 자신을 판단할 것이라는 불안감이 엄습해오는 것이다.

'다들 생각보다 괜찮은데, 나만 왜 이러지?'
'남 얘기할 것도 없어. 내가 제일 문제야.'

얼핏 겸손한 '자기반성'처럼 들리지만 여기서 정도가 지나치면 '자기비하'가 된다. 반복된 자기 비하에는 중독과 비슷한 면이 있다. 술이나 담배의 유혹을 참지 못하고 다시 찾게 되는 것처럼 겉으로는 자기 비하에서 벗어나고 싶다고 말하지만, 이들은 무의식중에 '자기 비하'에서 위안을 얻는다. 누군가 자신을 비난하기 전에 스스로 비난하면서 안도감을 느끼거나 위로나 동정으로 위안을 삼고 자기 비하를 통해 '불편한 쾌감'을 얻으려는 사람도 있다.

사회부과적 완벽주의자는 무리 속에서 경쟁자로 인식되어 상대방이 자신을 경계하거나 깎아내리는 것을 두려워하기 때문에 이를 피하려고 과도하게 겸손하게 행동하기도 한다. 추켜세우는 말을 들으면 왠지 모를 불안함 때문에 손사래를 치며 부인하는 것도 같은 이유다. 이는 상대방에게 거절당하지 않고 무리에 수용되기를 원하는 인간의 생존본능과도 연관이 있다.

'저도 저를 잘 알아요. 저를 비난하지 마세요.'
'저를 좋게 봐 주세요. 저는 당신이 경계할만한 사람이 아니에요.'

이와 같은 불편한 사고방식을 멈추려면 꼭 기억할 것이 있다. 이렇게 자신을 깎아내리는 것이 자신이 못나서 어쩔 수 없이 떠오르는 생각이 아니라, 자발적으로 선택한 은신처라는 사실을 알아차리는 것이다. 어떤 어려운 상황이라도 알아채고 나면 빠져나오기가 훨씬 수월해진다.

만에 하나 지금 이 순간 바보가 되었다고 치자. 눈치챈 사람은 아직 나밖에 없다. '자기반성'을 넘어선 '자기 비하'는 불편한 상황을 피하려는 비겁한 행동에 불과하다는 것을 깨닫고, 최대한 신속하게 '일상적인 나'로 돌아오면 된다. 책임을 다하는 태도는 부족한 부분을 인정하고 드러내는 용기에서 시작한다. 자신은 '실수할 리 없는 완벽한 존재'라는 착각을 내려놓고 자신을 받아들일 때 다른 사람도 그렇게 수용할 수 있다. 누구나 가지고 있는 서로의 불완전함을 비교하거나 비난하지 않고 서로 채워갈 때 우리는 관계로 이어질 수 있다.

| 커리어우먼의 가면 증후군 |

자신을 믿지 못하고 스스로 깎아내리는 행동이 소심하고 무능한 사람들만의 습관은 아니다. 전문가 집단에서 한 번쯤은 경험한다는 '가면 증후군imposter syndrome'은 세계적인 피겨스케이팅 스타 김연아 선수의 인터뷰에서 인용되었던 것으로도 유명하다. 최근 봉준호 감독의 통역을 맡아 세간의 주목을 받은 영화감독이자 통역가 샤론 최Sharon Choi는 공식 인터뷰에서 '가면 증후군'에 시달렸던 자신의 경험을 털어놓기도 했다. 이 증후군은 자신은 명성에 걸맞은 능력을 갖추지 못했지만, 운이 좋았다고 착각하면서 자신의 진짜 모습이 탄로 날까 봐 불안을 느끼는 심리적 현상을 말한다Pauline Clance, Suzanne Imes, 1978.

'언젠가 나의 실체가 드러나는 게 아닐까?'

P는 모 제약회사의 영업사원이다. 전문지식이 풍부한 데다가 실적도 월등해서 동료들에게는 늘 선망의 대상이다. 원래 유통 영업 MD로 오래 일했던 P는 성과를 낼 때마다 '이쪽 분야는 문외한인데, 이번엔 정말 운이 좋아서요.'라며 늘 겸손하기 까지 하다. 그녀가 처음 활동하기 시작할 때만 해도 제약 영업은 여성에게 불리하다 는 편견이 있었지만, 그녀는 늘 목표 실적을 가뿐히 넘어서는 데다가 항상 여유 있 게 미소 짓는 강철 멘탈의 소유자이기도 했다. 하지만 그런 그녀에게도 남모를 속사 정이 있었다.

그녀는 어느 날 친한 동료를 붙들고 '매일 회사 주차장에서 내릴 때마다 심장이 쪼그라드는 느낌이야'라며 불안한 속마음을 털어놓았는데 어쩐지 진지한 목소리는 나오지 않고 멋쩍은 웃음이 터졌다. 예상대로 P의 동료는 가진 놈이 더 하다더니 엄 살 피우지 말라며 목표 실적에 훨씬 못 미치는 자신의 리포트를 들고 성을 내며 차 에서 내렸다. 그녀는 괜한 말을 한 것 같아 잠시 후회했지만 바로 다음 순간 안도감 이 느껴졌다. 동료에게 위로받지는 못했지만 무능함을 들키지는 않아서 그나마 다 행이라는 생각이 들었기 때문이다.

그녀의 '가면 증후군' 역시 주변의 기대감을 지나치게 의식하는 '사회 부과적 완벽주의'가 주요 원인이다. 그녀는 항상 겉으로 드러나는 것은 자신의 본 모습이 아니라 완벽해 보이는 가면이라고 생각하면서 마치 자신이 사람들을 속인 것 같은 죄책감을 느꼈다. 가면 증후군에 시달리는 이들은 언젠가 실체를 들켜버릴지도 모른다는 불안감을 떨쳐내기 위해 항상 치열하게 노력한다. 자신을 믿지 못하고 계속해서 점검하는 '자기검열'을 반복하다가 마침내는 번아웃을 겪게 되는 것이다. 여기서 여성을 사례로 든 것은 이 증후군이 여성에게서 훨씬 빈번하게 보고되었기 때문이다. 한 연구에 따르면 전 세계 인구의 70% 이상이 이 증후군을 경험한 것으로 나타났으며psychological today, 2013, 성공한 여성의 대부분이 이것을 경험한 것으로 조사되었다. 이들이 느끼는 '가면 증후군'의 대표적인 증상은 다음과 같다.

- 일이 잘못되면 자신도 모르게 자신을 스스로 비난한다.
- 실수했을 때 자신을 용서하기가 어렵다.
- 대화가 끝난 후에도 자신이 한 말이나 하지 못한 말에 대해 계속 생각한다.
- 자신이 저지른 사소한 실수를 모두 기억하고 있다.
- 타인의 비판은 자신의 부족함에 대한 증거라고 생각한다.
- 지나치게 성공하면 직장에서 소외감을 느낄 수 있다고 생각한다.
- 지나치게 성공하면 관계를 유지하는 데 문제가 생길 수 있다고 생각한다.
- 너무 똑똑하거나 지나치게 나서면 사람들이 좋아하지 않는다고 생각한다.
- 사소한 비판이나 조언을 인신공격이나 권위에 대한 도전으로 받아들인다.
- 자신의 실수를 감추려 하고 겉으로 드러난 경우에도 쉽게 인정하지 않는다.
- 반대 의견을 내는 사람을 공격하고 그 사람의 약점을 찾아 보복하려고 한다.

출처: 발레리 영 Valerie Young의 연구를 참고하여 수정함

이 증후군이 갖는 가장 큰 특징은 끊임없는 '자기 불신'이다. 간혹 이들은 자신감 없는 모습을 감추려고 독단적이고 공격적인 행동을 보이기도 한다. 말하지 않으면 자신을 몰라줄까 봐 일부러 자신의 업적을 부풀려 말하기도 하고, 정반대로 알아서 모시라고 유세를 부리는 사람도 있다. 그러나 자기 확신에서 나오는 '당당함'과 자기 불신을 숨기기 위한 '부풀리기'라는 겉으로 보기에도 확연히 다르다. 이러한 행동의 이면에는 불완전한 자신의 모습이 드러나면 사람들에게 거부당할지도 모른다는 두려움이 깔려있다.

이런 불안감이 심해지면 자신만 부족한 것이 아니라는 사실을 증명하려고 상대방의 결점을 들춰내기도 하는데, 우리가 흔히 완벽하다고 생각하는 리더와 전문가들조차 이런 증상에 시달리는 것을 보면 이것은 부족한 사람의 약점이라기보다는 누구나 가진 인간적인 모습에 가깝다. 이러한 '자기 불신'을 근본적으로 없애려면 오랜 시간의 '자기 돌봄'이 있어야 하지만 단기간에 효과를 볼 수 있는 몇 가지 방법이 있다.

첫째, '가면 증후군'을 겪고 있음을 인정하기.
악몽에서 깨어나기 위해서 '이건 꿈'이라고 소리쳐 본 경험이 있을 것이다. 그러면 대개는 식은땀을 흘리며 자리에서 벌떡 일어나게 된다. 마찬가지로 비이성적인 사고 패턴을 알아챈 순간 자기 생각에 오류가 있음을 의식적으로 상기시키는 것이 이러한 증상에서 빠져나오는 첫 단계이다.

둘째, 자신을 설득시킬만한 증거 남기기.

자신에게 지나치게 깐깐한 편이라면 성취 리스트를 따로 적어 관리하는 것이 도움이 된다. 여기에 성취한 과정을 함께 정리하고, 그 과정을 직접 눈으로 확인해보면 결과를 모두 운으로 돌리기에는 너무나 치열하게 노력해 온 흔적들을 발견하게 될 것이다. 최선을 다한 사람은 '운도 실력'이라는 말의 의미를 안다.

셋째, 칭찬은 칭찬으로 듣고, 감사 인사로 대답하기.

'자기 불신'의 늪에 빠지면 칭찬을 수용하기가 어려워진다. 이러한 생각이 마침내는 감정에도 영향을 미치는데, 멀쩡히 잘 있다가도 칭찬만 받으면 내면에 있던 '자기 불신'이 자극을 받아 다시 불안해지기를 반복하는 것이다. 칭찬을 거부하는 대신 겸손하게 받아들이는 연습을 하면 생각이 엉뚱한 방향으로 흐르는 것을 막을 수 있다.

세상의 모든 문제는 어리석은 사람들은 확신에 차 있고,
현명한 사람들은 자신을 지나치게 의심한다는 데 있다.

-버트런드 러셀-

마지막으로 '가면 증후군'을 극복하는 데 가장 필요한 것은 자신의 인간적인 모습을 인정하고 드러낼 수 있는 용기다. 위의 사례에서 P가 조금 더 용기 내어 동료에게 진지하게 자신의 이야기를 꺼냈다면 어땠을까? 설령 그녀가 이런 증상에 시달리고 있다는 사실을 눈치채지 못했더라도 동료는 기꺼이 그녀의 불안한 마음을 토닥여 주었을 것이다. 혹시 모두가 자신을 판단하고 시기하는 것처럼 느껴져 두렵다면 큰맘 먹고 주변을 한번 돌아보라. 세상에는 나도 몰랐던 내 편이 아주 많다는 놀라운 사실을 발견하게 될 것이다. 사람의 뇌는 본능적으로 외부의 위험한 정보에 먼저 반응하도록 설계되어 있어서 본능대로 살면 모두가 나를 위협하는 경쟁자로 보인다. 내 편이 보이기 시작하는 것은 내가 마음을 여는 순간부터다.

| 완벽한 김 부장의 속사정 |

앞서 '자기 지향적' 완벽주의자와 '사회 부과적' 완벽주의자가 끊임없이 자기 자신을 압박했다면 지금부터 이야기 나눌 '타인 지향적' 완벽주의자는 자신의 완벽한 기준을 타인에게까지 강요하려는 사람들이다. 이들은 자신의 기준에 미치지 못하는 것처럼 보이는 사람들을 잘 믿지 못하고, 의도대로 일이 풀리지 않으면 다른 사람에게 책임을 전가하려는 태도를 보인다.

오래전 나의 상사는 수십 페이지에 달하는 보고서의 폰트와 자간을 일일이 조절하여 끝단을 맞추도록 지시했는데, 다들 그 디테일을 '표현을 순화하여 박음질이 정교한 걸레짝'에 비유하곤 했다. 그는 보고서 폰트에서부터 사소한 업무처리 프로세스까지 모든 것을 자신의 강박적인 기준에 맞추기 원했다. 타인 지향적 완벽주의자는 일이 계획대로 진행되지 않으면 자신의 '완벽한' 기준에 미치지 못하는 주변 사람들에게 실패의 원인을 돌린다. 자신은 완벽하기 때문에 문제가 발생했다면 그 책임은 외부에 있을 것으로 생각하는 것이다. 서로 협력하는 과정조차 자신이 일방적으로 희생하는 것이라고 착각하다 보니 정작 자신의 부족한 부분을 채워주는 다른 사람의 고마움을 잘 알지 못한다.

강박적인 완벽주의는 이 같은 비합리적인 행동 외에도 다양한 모습으로 나타난다. 맡은 일을 완벽하게 해내려는 책임감에서 강박적인 완벽주의가 드러나기도 하는데 특히 조직에서 항상 경쟁의 압박을 느끼는 리더에게 완벽주의는 피할 수 없는 운명과도 같다.

G는 오늘도 화가 치미는 것을 가까스로 참으며 PC 모니터를 응시하고 있다. 그는 부장으로 승진한 지 얼마 지나지 않아 지난달부터 TF 팀을 맡게 되었다. 팀원들은 모두 각 부서에서 차출된 인원이라고 해서 기대가 컸는데 막상 일하는 모습을 보니 영 성에 차지 않는다. 그는 지난주 마감 기한을 놓친 적이 있는 S에게 매일 업무의 진행 상황을 오전 오후로 나누어 보고하도록 지시했고, 일은 곧잘 하지만 자신이 지시한 방식을 따르지 않는 P에게는 수시로 잔소리 폭격을 퍼부었다. 시키는 일

외에는 절대 하지 않는 K에게는 일일이 지시하지 않으면 일이 진행되지 않을 것만 같아 불안하다.

이번에는 S의 오전 보고가 너무 형편없어서 모니터 앞에서 점심시간이 끝나기만을 기다렸다가 호출했는데, S가 사사건건 밉상인 P와 휴게실에서 노닥거리는 것을 보니 화가 치미는 것을 참을 수가 없었다. 지금 회사의 관심이 온통 TF 팀에 쏠려 있는데 성과를 내지 못할까 봐 불안한 것은 자신뿐인 것 같아 답답하기만 하다. 그러다 사람 좋은 K와 눈이 마주쳤을 때 자신도 모르게 감정이 북받쳐 올라 버럭 소리를 지르고 말았다.

"다들 자기 일 좀 똑바로 해!"

G는 최근 들어 자신이 직접 업무를 챙기지 않으면 일을 망칠 것만 같아서 제때 퇴근하지 못하는 날이 늘었다. 차라리 직접 하는 게 낫겠다는 생각도 들지만, 업무 범위가 직접 통제할 수 있는 수준을 넘어서면서 스트레스가 이만저만이 아니다. 매주 주간 회의에서는 성과에 대한 기대와 압박을 받고 있는 데다가 주변을 돌아보니 자신은 악질 상사로 정평이 나 있었다. 지금까지 맡은 일에 누구보다도 최선을 다했는데 이제 와 남은 것은 동료들의 비난과 성과에 대한 불안감뿐인 것 같아 씁쓸하기만 하다.

강박적인 완벽주의는 조직과 구성원에게 악영향을 미칠 뿐 아니라 무엇보다 자기 자신을 힘들게 한다. 자신의 완벽주의가 서서히 강박적인 사고방식으로 흐르는 것을 막기 위해서는 의식적인 노력이 필요하다. 90년대 이후 성과 중심 사고방식을 돌아보는 차원에서 건강한 완벽주의에 대한 연구가 활발하게 진행되고 있다. 건강한 완벽주의자는 자신의 도전정신을 바탕으로 성취의 기쁨을 충분히 누리고, 그것을 다른 사람과도 기꺼이 공유한다. 과도한 목표에 좌절하거나 강박적인 기준에 휘둘리지 않으려면 최선을 다한 결과로 현재의 성과를 얻었다는 사실을 인정하고, 무엇보다 자신과 타인의 한계를 수용하는 태도가 필요하다. 경쟁을 부추기고 끊임없이 성과를 요구하는 환경에서는 의식적으로 노력하지 않으면 완벽주의의 덫에서 헤어 나오기가 어렵다. 그리고 이런 의식적인 노력은 자신을 돌보는 마음에서 시작한다.

| 번아웃, 그리고 재부팅 |

H의 노트북이 또 말썽이다. 내장된 프로그램으로 온갖 진단을 하고 여기저기서 백신 프로그램을 내려받았다. 워드 설정이 잘못되었다고 해서 워드를 새로 깔고 드라이버도 다시 설치했지만, 증상은 나아지지 않았다. 컴퓨터를 잘 아는 친구에게 전화를 걸었더니 무심한 듯 껐다가 켜라는 대답이 돌아온다. 전공자치고는 원시적인 방법을 알려주긴 했지만 달리 방도가 없었던 그녀는 일단 전원을 끄고 조금 기다려보기로 했다. 잠시 노트북을 꺼놓는 동안 어질러진 책상을 치우고 가볍게 스트레칭도 했다. 밤새 혼자뿐이었는데 책과 메모지, 온갖 낙서로 방 안이 폭격을 맞은 것 같다.

잠시 후 다시 전원을 켜니 프린터 설정이며 밤새도록 버벅대던 인터넷까지 모든 것이 정상으로 돌아왔다. 인터넷을 바꿀 때가 됐다고 씩씩거리면서 온갖 백신 프로그램을 설치했는데 다 쓸데없는 짓이었다니 허탈함이 밀려왔다. 친구에게 전화를 걸어 다시 물어보니 이번에는 제법 그럴듯한 답을 한다. 메모리가 가득 찬 상태에서 내장된 프로그램으로 아무리 문제를 진단한들 워드 설정이 잘못되었다는 둥 엉뚱한 분석을 할 수밖에 없다는 것이다.

"잘 안되면, 껐다 켜세요."

세계보건기구WHO가 2019년 5월 제11차 국제 질병 표준분류 기준 ICD-11에서 번아웃burn-out을 직업 관련 증후군으로 규정했다. 이를 기점으로 지금까지 일 좀 한다는 사람들의 훈장처럼 여겨지던 번아웃이 자기관리의 영역에서 적극적으로 다루어지기 시작했다. '번아웃'은 '의욕적으로 일에 몰두하던 사람이 누적된 피로감으로 인해 갑작스럽게 극도의 무기력을 경험하는 현상'을 말한다. 과거에는 이러한 증상이 감정노동이 심한 서비스직이나 실수가 허용되지 않는 예민한 업무를 다루는 직업군에서 주로 나타났지만 최근 번아웃으로 신경정신과를 찾는 사람들의 상당수는 유튜버나 작가, 강사와 같은 프리랜서라고 한다. 많은 시간을 투자했지만, 결과가 자신의 기대에 미치지 못하거나 사회적으로도 성과를 인정받지 못할 때 극도의 무력감을 경험하게 되는 것이다. 이러한 증상은 경쟁에서 밀려날지도 모른다는 불안감에서 시작되어 단기간에 과도한 성취를 이루려고 애쓰거나 성취가 새로운 동기부여를 끌어낼 만큼 충분하지 못할 때 그 증상이 더욱 심해진다.

완벽주의자는 결과물이 자신의 기준에 부합할 때까지 일거리를 손에서 놓지 못한다. 그러나 객관적인 자신의 한계를 수용하지 못하거나 '세상에는 없는 완벽함'이 그 기준이라면 끝내 몸과 마음을 메모리가 꽉 찬 상태로까지 몰아넣을 수밖에 없다. 그렇게 자신을 태우다가 에너지가 완전히 고갈되어 버리는 시점burn-out에 무기력과 공허함이 한꺼번에 몰려오면 이겨낼 방법이 없다. 이때 항상 자신에게 채찍질만 했던 사람은 절대로 혼자 일어날 수가 없다. 컴퓨터는 그냥 껐다 켜면 되지만 사람은 한없이 토닥여 주어야 한다. 잠시 쉬고 나면 몸은 조금 회복되지만 마음은 저절로 나아지지 않는다. 상담사를 찾거나 타로점을 보아도 다른 사람에게서 제대로 위로받기는 어렵다. 스스로 괜찮다고, 조금 쉬어가도 된다고 수없이 토닥여 주면 그제야 혼자 일어설 힘을 얻는다. 나르시시스트에게 부족한 것이 타인을 향한 공감이라면, 완벽주의자에게 필요한 것은 자신을 향한 공감이다. 스스로 충분히 회복되지 않으면 잘못된 생각으로 상대방을 오해하고, 이 때문에 서로에게 원치 않는 상처를 남기기도 한다. 자신의 생각 회로가 망가진 줄은 꿈에도 모르고 이러쿵저러쿵 잘못된 진단을 내리게 된다. 누군가와 좋은 관계를 맺기 위해 가장 먼저 할 일은 다른 사람을 돌보기 전에 자신을 돌보는 일이다.

서두를 필요도 없고, 반짝일 필요도 없고,
나 아닌 다른 사람이 될 필요도 없다.
-버지니아 울프-

| 진짜 재부팅, 취미력 |

취미생활은 가장 적극적인 자기관리다. '여가'만큼 다양하게 해석되는 말도 없을 것이다. 여기서는 정신적 에너지의 불씨를 살려내는 취미력에 관한 이야기를 나누려고 한다. 충분한 휴식으로 체력을 회복했다면 이제는 정신력이다. 우리가 만성피로라고 부르는 증상 대부분은 정신적 에너지를 채우지 않고는 절대 회복되지 않는다. 휴식을 취하면서 정신적인 에너지가 함께 회복되는데 취미력은 여기에 가속도를 붙인다. '이쯤 쉬었으면 됐어. 이제 달려!'라고 자신에게 더는 모질게 굴지 않기로 다짐했다면 이제는 좀 더 적극적으로 에너지를 만들어낼 방법을 생각해 보자. 정신적 에너지를 위해 시간을 내어 자신에게 투자하는 일, 이것이 취미다.

"취미가 뭐예요?"

J는 소개팅에서 구닥다리 질문을 꺼내는 상대방이 벌써부터 맘에 들지 않는다. 게다가 지금 이 질문은 그녀가 대답하기 가장 난감한 질문 중 하나이기도 하다. 지난달에 플루트를 업그레이드했고, 주말엔 성악 레슨을 받고 있어서 그대로 대답하고 되물었더니 상대방은 기다렸다는 듯 시시콜콜한 사생활을 늘어놓기 시작했다. 그런데 남자가 뜨개질이라니, 뜨개질에도 전문용어가 있다는 것을 J는 그때 처음 알았다. 그런데 내내 우물쭈물하던 그가 뜨개질 이야기를 할 때만큼은 유난히 눈이 반짝이는 게 아닌가. 아마 누구든 취미를 얘기할 때는 자신과 마찬가지로 기분이 좋아지리라 생각하는 듯했다.

자신을 살리는 취미라면 머릿속으로 떠올려보는 것만으로도 에너지를 만들어낼 수 있다. 누가 어떻게 생각하는지와 무관하게 자신에게 즐거움을 주고, 그 즐거움이 에너지의 원천이 된다. 간혹 자신은 특별히 좋아하는 것이 없다거나 일하지 않는 시간이 불안해서 견딜 수 없다는 사람들도 있다. 하지만 휴일에도 일거리를 붙들고 있는 워커홀릭 중에는 그 일에서 어떤 만족감도 느끼지 못하면서 단지 강박적으로 일하기를 멈추지 못하는 경우도 많다. 여가를 자기계발로 착각하고 숙제하듯 매달리거나, 일과 후에 딱히 할 일을 찾지 못해서 손에서 게임기를 놓지 못하는 사람들도 마찬가지다. 우리 주변에는 이처럼 자신을 충분히 탐색할 시간을 갖지 못해서 일 중독과 게임중독을 오가는 사람들이 의외로 많다. 하지만 중독에 빠져 일시적으로 피로감을 잊어버리려고 하거나 나쁜 습관에 끌려다니면서 능동적인 에너지를 만들어 낼 수는 없는 노릇이다.

여가는 정신력을 회복하는 시간이다. 반드시 몸을 써야 한다거나 휴식을 위한 고요한 시간을 확보해야 하는 것도 아니며, 더욱이 자기계발과는 구분되어야 한다. 정신적 에너지를 만들어내는 일이라면 어떤 것이라도 취미가 될 수 있다. 취미를 선택할 때는 그것이 자신에게 가슴 뛰는 일인지 아닌지를 생각해 보면 된다. 완전히 몰입할만한 취미를 찾는 과정은 자신을 탐색하는 과정과도 비슷하다. 모든 가능성을 열어두고 가슴 뛰는 일을 찾아 끊임없이 시도하는 것이 중요하다. 끈기가 없다는 핀잔을 겁내지 않아도 좋다. 다양한 시도를 한다는 것은 그만큼 자기 탐색에 적극적이라는 의미다.

당신의 취미가 당신의 가슴을 충분히 뛰게 하는가?

그러나 즐거운 순간만을 취미로 여기면 아이러니하게도 그것을 진짜 즐기는 상태에는 도달하기 어렵다. 어떤 일이든 진짜 즐기게 되면 탁월성을 발휘하게 되고 그렇게 되기까지는 꾸준한 동기가 필요하지만, 취미를 단순히 즐기는 것으로만 생각하면 싫증이 나기 쉽다. 완전히 빠져들어 만족감을 느낄 때 우리는 취미를 지속할 힘을 얻는다. 그리고 자신의 의지로 이루어 낸 성공 경험이 고스란히 정신적 에너지로 쌓인다. '나는 할 수 있다'는 말은 주문처럼 외워서 쓸 수 있는 말이 아니다. 동기부여 전문가의 그럴듯한 말에 심장이 뛰다가도 이내 사그라드는 것은 그 동기가 자신에게서 나오지 않았기 때문이다. 적극적인 취미활동은 '나는 할 수 있다'는 믿음을 직접 경험하여 내 것으로 만들 수 있는 가장 좋은 방법이다. 나를 진짜 재부팅 하는 법, 내가 좋아하는 것을 찾아내어 마음껏 하도록 놓아주는 것, 그것이 바로 취미가 가진 힘 '취미력'이다.

지금 나의 일상을 즐겁게 하는 것은 무엇인가?

∘ •

늘 하고 싶었지만 여건이 되지 않아 미루어 온 일들에는 어떤 것이 있는가?

∘ •

#2

관계속의
나

내가 생각하는
나

| 나를 안다는 것 |

누군가와 가까워지려면 서로를 알아가는 데 충분한 시간이 필요하다. 이는 자신과의 관계에서도 마찬가지다. 자신을 제대로 알려면 자신을 충분히 들여다볼 시간과 노력이 필요하다. 그런데 이것이 말처럼 쉽지 않다. 성격유형 진단지의 질문에 답하다 보면 자신에 대해서 솔직하게 대답하는 것이 얼마나 어려운지를 실감하게 된다. 직관적으로 대답하도록 설계된 간단한 질문에도 금방 대답하지 못해 망설이거나 '이상적인 나'의 모습을 그대로 '나'라고 믿어버리기도 한다. 이처럼 내가 나를 제대로 안다는 것은 그렇게 당연하거나 자연스러운 일이 아니다.

오래전에는 확고했던 기준이 시간이 흐르면서 변했을 수도 있다. 오 랜 고민 끝에 기준을 세웠어도 한순간에 바뀌기도 하고, 문득 '내가 변했 다'는 사실을 깨닫는 순간도 있다. 한결같은 가치관을 고수하려고 애쓰 거나 반대로 대세를 따르겠다고 줏대 없이 흔들리다가는 시시각각 변하 는 현실에서 내 삶을 제대로 지탱하기 어렵다. 세상이 변하는 것과 마찬 가지로 나도 변한다. 지금, 나의 삶에 적용할 수 있는 가치는 무엇인가?

지금 나의 삶에서 가장 중요한 한 가지 가치는 무엇인가?

● ●

최근에 달라진 것이 있다면 그것은 이전과 어떻게 다른가?

● ●

여기에 답을 찾는 것만큼이나 중요한 것은 끊임없이 변화하는 자신 을 발견하는 것이다. 다만 자신을 돌아보는 것이 의기소침한 자기반성 으로 흐르지 않도록 최대한 객관적으로 자신을 돌아보라. 가만히 돌아 보면 후회스럽던 행동에도 다 그럴만한 이유가 있었다는 것을 알게 된 다. 누구나 삶에서 흔들리는 순간을 만난다. 최선을 다했지만, 문득 돌 아보면 원하던 삶과는 반대 방향으로 인생이 흘러가기도 하고, 지나친 욕심이 나를 엉뚱한 방향으로 몰고 가기도 한다. 가끔은 다른 사람의 욕심 때문에 나의 삶이 휘둘릴 때도 있고, 불 보듯 뻔한 결과 앞에서도 어딘가에 발끈해서 일을 몽땅 그르치는 일도 있다. 이런 예기치 않은 일들에 휘둘리지 않으려면 기준이 필요하다. 가치관은 그럴듯한 단어로 뭉뚱그린 생각 덩어리가 아니다. 자신에게 중요한 것을 분별해내고 행동으로 옮길 수 있는 태도, 그것이 바로 살아있는 가치관이다.

가치관 외에도 '나'를 구성하는 수많은 요소가 있다. 어떤 일을 할 때 행복한지 혹은 불행한지, 그런데도 멈출 수 없는 일은 무엇인지, 어떤 상황에서 가장 나다움을 발휘하게 되는지, 또 어떤 때 나도 모르게 화가 치밀어 오르거나 불편해지는지, 나를 웃게 하는 것은 무엇인지, 또 무엇이 나를 슬프게 하는지, 일과 외에는 어떤 일을 하면서 시간을 보내는지, 그때 나는 즐거운지 그렇지 않은지, 가만히 앉아서 자신에 대해 떠오르는 것들을 적어보라. 코치나 상담사의 질문보다 백배 천배는 귀한 질문들이 내 안에서 저절로 쏟아져 나올 것이다. 스스로에 대한 진지한 호기심으로 가장 정교하게 질문을 설계할 사람은 다름 아닌 바로 자기 자신이다.

자신에 대해 무엇이 떠오르는가?

● ●

다만, 모든 질문에 대한 대답은 언제든 바뀔 수 있음을 염두에 두어야 한다. 그렇지 않으면 몇 가지 질문만으로 마치 자신을 다 아는 것 같은 착각에 빠지게 될지도 모른다. 상상해보라. 일주일에 한 번 당신을 만나는 코치가 몇 가지 질문을 하고는 당신이 어떤 대답을 할 때마다 고개를 깊이 끄덕이며 '역시 그랬군요. 제가 예상한 것과 정확히 일치합니다.'라고 말한다면 어떤 생각이 들겠는가? 누군가가 나를 속단하는 것이 불편한 것과 마찬가지로 나를 속단하는 것은 내가 되어서도 안된다.

| 멀티페르소나, Multi-persona |

올해의 10대 키워드 중에서 가장 눈에 띄는 주제는 단연 '멀티페르소나'이다. '방탄소년단'이 융의 자아 인식에서 영감을 얻었다고 곡의 콘셉트를 발표하면서 급부상한 표현이다. 융Carl Gustav Jung은 '인간은 천 개의 페르소나를 가지며 상황에 맞게 그것들을 꺼내어 쓴다.'고 말했다. 이것을 일본의 소설가 히라노 게이치로는 '분인分人'이라는 개념으로 해석했고, 요즘 TV며 라디오에서 인기몰이를 하는 '부캐부차적인 캐릭터'와도 의미가 통한다. 앞서 언급한 현대인의 다양한 페르소나는 한 사람의 역할 범위가 다양해짐에 따라 필연적으로 등장하게 되었다. '진짜 나'는 결코 유일무이한 형태가 아니다. 정체성은 시간에 따라서 변화하며 관계의 상호작용에 따라서 같은 시기에도 다양한 모습으로 나타난다. 누군가의 회사 밖의 모습이 생각한 것과 다르다고 해서 어느 한쪽이 가식적이라고 생각하거나 그 사람이 본성을 숨기고 있다고 말하지는 않는다. 그중에 어떤 모습이 '진짜'인지를 가려내려고 애쓰지도 않는다. 천 개의 페르소나 중에 고작 두세 개 꺼내 썼을 뿐이다.

간혹 주변에서 유일무이한 '진짜 나'를 찾겠다며 자청해서 동굴 속으로 들어가려는 사람들을 만나기도 한다. 간단하게는 자신이 '내향적'인가 '외향적'인가 하는 것에서부터 거창하게는 '본질적인' 삶의 의미를 고민하느라 여념이 없다. '진정한 자아'에 대한 견해는 다양해서 한마디로 잘라 말하긴 어렵지만, 그것이 유일무이한 형태라고 믿는다면 그 생각에는 확실한 오류가 있다. '유일무이한 나'를 찾는 사람들은 현실에 적응해서 잘 살아가는 기특한 자신의 모습에 실망하기도 한다. 그들에게 내가 생각하는 '자신'에 대해 이야기를 나눠볼까 하다가도 '자아'를 결단코 침범당하지 않겠다는 결연한 눈빛을 보면 말하려던 의지가 한풀 꺾이고 만다. 이처럼 자신에게 빠져들기 시작하면 세상을 보는 다양한 관점이 사라진다. 관점을 다양하게 유지하지 못한 상태로 계속해서 자신을 들여다보면 생각은 본능적으로 부정적인 자기비판으로 흐르고, 자신은 세상에서 고립되고 만다. 나를 안다는 것은 관계 속에서 변해가는 나의 다양한 모습들을 발견해가는 과정이다. 내가 다른 사람과의 관계 속에서 성장하는 것처럼 내 생각과 행동이 다른 사람을 변화시키기도 한다. 우리는 관계 속에서 진정한 자신을 발견할 수 있다.

| 관계 속의 나, 조하리의 창 |

스스로 진지하게 성찰하는 것만으로 자신을 온전히 이해하기는 어렵다. 혼자서는 영영 모를 자신의 모습을 상대방은 단번에 알아채기도 하고, 다른 사람과 함께 시간을 보내는 동안 잊고 있었던 자신의 모습을 발견할 때도 있다. 또, 익숙하지 않은 환경에서 나도 모르게 튀어나오는 새로운 모습에 스스로 놀라기도 하고, 어떤 의미에서는 타인의 눈에 비친 모습이 가장 현실적인 자신의 모습이기도 하다. 이처럼 자기 자신을 제대로 알기 위해서는 내면적인 성찰과 더불어 타인과의 관계에서 자신의 모습은 어떤지를 함께 고민하는 과정이 필요하다. 이것을 관계 속에서 자신을 이해하는 과정으로 설명하는 심리학 이론이 있다.

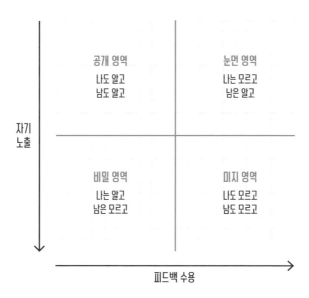

이것은 미국의 심리학자 조셉 루프트Joseph Luft와 해리 잉햄Harry Ingham의 이름을 따서 '조하리의 창Johari's Windows model'으로 불린다. 이 이론에 따르면 사람의 마음에는 네 가지 영역이 있는데, 각 영역의 크기에 따라 의사소통 유형이 결정된다. 화살표의 방향대로 기준선이 이동하면서 '공개 영역'이 확장되고 '자기 노출'과 '피드백에 모두 열린 '개방형 의사소통'을 하게 된다.

의식의 영역

나도 알고, 너도 아는 공개 영역 개방형 의사소통

나는 알지만, 너는 모르는 비밀 영역 신중형 의사소통

무의식의 영역

나만 모르고, 너는 아는 눈먼 영역 주장형 의사소통

나도 모르고, 너도 모르는 미지 영역 고립형 의사소통

네 개의 창의 크기를 조절하는 두 축은 '자기 노출self-disclosure'과 '피드백feedback'이다. '자기 노출'은 상대방이 모르는 자신의 모습을 '드러내는' 것이고 '피드백'은 자신이 인식하지 못한 것을 '수용하는' 것이다. 만남의 초기에는 자신을 보호하기 위해 본능적으로 약점을 숨기거나 인정하고 싶지 않은 사실을 무의식적으로 회피하게 되는데, 이때 자신의 부족함이 드러나더라도 여전히 의미 있는 관계로 연결될 수 있음을 믿고 상대방에게도 같은 신뢰를 보이며 친밀한 관계가 시작된다. 자신

을 드러내고 다른 사람의 피드백을 수용하면서 두 개의 축이 화살표 방향으로 이동하고 '공개 영역open area'이 넓어진다.

반면 자기 노출은 원활하지만 피드백을 수용하지 못하면 '눈먼 영역blind area'이 넓어진다. 남들은 다 아는 자신의 치명적인 결함을 정작 본인은 가장 나중에 알게 되는 경우가 많은데, 이는 스스로 약점이라고 생각할수록 피드백을 수용하는 것이 어렵기 때문이다. 반대로 지나치게 겸손하거나 자존감이 낮으면 자신의 좋은 면을 인정하는 데 어려움을 겪기도 한다. '눈먼 영역'을 줄이려면 부정적인 피드백을 수용하는 용기와 더불어 자신의 긍정적인 모습을 인정할 수 있는 여유가 필요하다.

다음으로 피드백을 적극적으로 수용하며 자신을 객관적으로 검토하지만 다른 사람에게 자신의 모습을 드러내지 않으면 '비밀 영역hidden area'이 넓어진다. 그러나 자신을 개방하지 않고는 상대방으로부터 절대 신뢰를 얻을 수 없다. 이때는 자신을 적절하게 드러내어 관계의 거리를 좁히려는 의식적인 노력이 필요하다.

마지막으로 '미지 영역unknown area'은 자신도 인식하지 못하는 무의식의 영역이다. 그래서 자신이 의식적으로 표현하기도 어렵고, 일상적인 행동만으로 상대방이 알아채기도 쉽지 않다. 오히려 평소에는 전혀 인식하지 못하다가 익숙하지 않은 환경에서 우연히 알게 되는 경우가 많은데, 미지 영역을 관리하기 위해서는 다양한 관계를 통해 자신을 적극적으로 탐구하는 기회를 마련하는 것이 좋다. 그 방법에 관해서는 이어지는 장에서 다시 다루고 있다. 자신만의 방법을 찾아가는 과정에 분명 도움이 될 것이다.

다음은 의사소통 진단 문항을 '자기 노출'과 '피드백'의 영역으로 구분하여 재구성한 것이다. 표시한 문항의 합계에 따라 자신의 소통 방식을 점검해 볼 수 있다.

(매우 그렇다=3점, 그렇다=2점, 보통이다=1점, 아니다=0점)

A. 자기 노출 self disclosure (_____/ 15점)

1. 나는 잘 모르는 것은 모른다고 솔직하게 말하는 편이다.
2. 나는 나의 감정이나 생각을 다른 사람에게 터놓고 말한다.
3. 나는 다른 사람에 비해서 비밀이 적은 편이라고 생각한다.
4. 나는 보고 느낀 그대로 말하며 절대로 거짓말하지 않는다.
5. 나는 다른 사람이 실수하면 그 사람에게 솔직하게 말한다.

B. 피드백 수용 feedback (_____/ 15점)

1. 나는 다른 사람이 나를 비판할 때 변명하지 않으려고 애쓴다.
2. 나는 다른 사람이 나에 대해서 어떻게 생각하는지 물어본다.
3. 나는 일부러 관심을 갖는 체하거나 경청하는 체하지 않는다.
4. 나는 다른 사람이 내 의견에 찬성하지 않아도 화내지 않는다.
5. 나는 다른 사람의 조언과 충고 덕분에 성장한다고 생각한다.

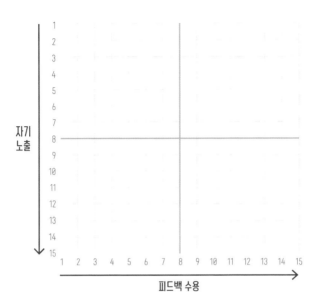

　　A, B 항목의 합계가 높을수록 '개방형' 의사소통에 가깝다. 합계가 낮을수록 '고립형'에 가까우며, 자기 노출(A)의 합계가 비교적 높으면 '주장형', 상대적으로 피드백(B)의 합계가 높으면 '신중형' 의사소통을 할 확률이 높다. A 문항 점수의 합계를 가로축에 표시하고 B 문항의 합계를 세로축에 표시하여 선으로 연결했을 때 가장 넓은 면적이 현재의 의사소통 방식에 해당한다.

당신의 '소통의 창'은 얼마나 열려 있는가?

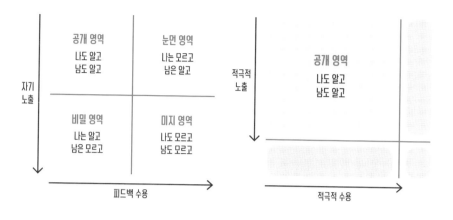

'열린 창open area'이 넓은 개방형 의사소통에서는 '자기 노출'과 '피드백'이 모두 활발하게 일어난다. 내 생각을 스스럼없이 나눌 수 있고 상대방의 피드백을 거리낌 없이 수용할 수 있는 관계에서는 일부러 숨길 것이 없으니 누군가와 함께하는 시간이 특별히 불편하게 느껴지지 않는다. 함께 있으면 편안한 사람을 떠올려보라. 나에게 마냥 잘 대해주는 사람보다는 나를 스스럼없이 대하는 사람이 훨씬 편하다. 반면, 좋은 감정을 갖고 있지만 상대방의 예민한 부분을 건드리게 될까 봐 조심하게 되는 경우도 있다. 이런 사람과는 불편을 감수할 만큼의 필요가 사라지면 지속적인 관계를 유지하기 어렵다.

현대인의 의사소통 유형 중 가장 흔하게 나타나는 '신중형' 의사소통은 자신의 정보를 최대한 숨겨 안전지대를 확보하려고 한다. 정보가 원치 않는 형태로 노출되어 오해받거나 악용될 가능성을 고려하여 항상 타인과 일정한 거리를 유지하려고 한다. 간혹 상대를 안심시키기 위해 먼저 미소를 건네는 인정을 발휘하기도 하지만 어색한 분위기가 계속 되면 즉시 방어 모드로 전환한다. 자신도 있는 그대로 드러내기 어려우 면서 상대방이 뭔가 숨기고 있다는 사실은 불편하게 느껴지는 것이다. 이때 일정한 거리를 유지하려는 마음은 상대방에게 그대로 전달되고, 동시에 상대에게도 그만큼 마음의 거리가 생긴다.

좋은 관계를 시작하고 유지하는 것이 어려운 이유 중의 하나는 '내가 모르는 나'와 '남이 모르는 나'의 간극 때문이다. 우리가 알고 있는 것들 은 의식적으로 노력하면 잘 관리할 수 있다. 하지만 관계에서 일어나는 대부분의 문제는 쥐도 새도 모르게 시작되어서 슬금슬금 커지다가 한 순간에 단절로 이어지는 경우가 많다. 이때 자신을 솔직하게 드러낼 수 있는 용기와 상대방을 수용할 수 있는 너그러움이 둘 사이의 간극을 줄 여줄 수 있다.

| 친해서 말한 걸까? 말해서 친해진 걸까? |

첫 만남에서 상대방에게 호감을 줄 수 있는 가장 좋은 방법은 자신 의 이야기를 공유하는 것이다. 생존을 위해 위험요소에 먼저 반응하도 록 설계된 우리 뇌는 상대방에 대한 정보가 많을수록 안심하고 경계를 내려놓는다. 그래서 신뢰는 호감의 전제조건이 된다. 심리학에서는 상대방의 경계심을 허물고 신뢰를 쌓기 위해 자신을 드러내는 것을 '자기 노출self-disclosure'이라고 한다. '자기 노출'을 연구하는 학자들은 '자신을 드러내는 것'과 '관계가 깊어지는 것' 사이의 관계를 '서로 변형시키는 mutually transformative' 과정으로 설명한다. 자신을 드러내면서 신뢰를 바탕으로 관계가 깊어지고, 서로 가까워지면서 자연스럽게 점점 더 많은 사실을 공유하게 된다.

Kanpp.M.L&A.L Vangelisti,1991, Interpersonal Communication & Human Relationships

'관계 변화의 계단 모형'에 따르면 관계가 발전하고 쇠퇴하는 상호보완적인 과정을 통해 친밀감이 만들어지는데, 관계의 초기에는 가벼운 개인사와 같은 객관적인 사실, 그다음으로 의견이나 가치관, 그리고 마지막으로 부정적이거나 비밀스러운 사실을 털어놓는 것으로 노출의 주제가 자연스럽게 이동한다. 이 과정이 아무리 급속도로 이루어지더라도 이전 단계를 뛰어넘지는 않는 것이 보통이며, 이전의 단계를 갑자기 뛰어넘을 때 상대방은 오히려 어색함을 느끼고 관계는 다시 멀어진다 Knapp & Vangelisti, 1991.

전통적인 사회적 침투 이론에 따르면 사람의 성격은 마치 양파껍질과 같다. 바깥쪽은 누구든 마음만 먹으면 접근할 수 있는 '공적 자아public self'이고 중심부로 갈수록 친밀한 관계에서만 노출이 허용되는 '사적 자아private self'가 드러난다. 시간이 흐름에따라 '자기 노출'이 점점 중심부로 이동하면서 관계의 폭과 깊이가 확장되는데, 이때 솔직한 자기 노출은 자신의 말과 행동, 생각을 상대방이 있는 그대로 수용해 줄 것이라는 기대를 전제로 한다.

그러나 자신을 드러내는 말과 행동이 항상 긍정적인 결과를 가져오는 것은 아니다. 노출이 지나쳐서 자신을 남김없이 드러내는 경우에는 자칫 가벼운 사람으로 낙인찍히거나 상대방에게도 비슷한 수준의 자기 노출을 강요하는 실수를 저지르기도 한다. 게다가 수다스러운 자기 PR이나 푼수같이 아무 말이나 하면서 너스레를 떠는 것이 솔직함을 의미하는 것도 아니다. 오히려 일방적으로 자신을 드러내어 자신에게 관심을 묶어두려는 '대화 나르시시즘Knapp & Vangelisti, paly 1990'은 관계를 망치는 지름길이다. 자기 노출 이론Self-Disclosure Theory에 따르면 사람은 두 가지 측면의 자아self를 갖는다. 한쪽은 '있는 그대로의 나'이고 다른 한쪽은 남들에게 보이는 '가식적인 나'이다. 서로에 대해 잘 안다는 것은 단순히 남들이 모르는 사실을 몇 가지 더 안다는 것을 넘어 서로를 있는 그대로 수용하는 것을 의미한다.

'자기 노출'은 듣는 사람의 경험에 따라 재해석된다. 서로가 인식하는 관계의 깊이가 다르거나 듣는 사람이 말하는 사람에 대한 선입견을 가지고 있을 때, 혹은 듣는 사람의 개인적인 사정에 따라 말하는 사람의 의도가 왜곡되기도 한다. 가령, 친밀한 관계를 전제로 비밀 이야기를 털어놓았는데 말하는 사람이 평소에도 수다스러웠다면 듣는 사람은 이 비밀 이야기를 대수롭지 않게 넘기게 될지도 모른다. 말할 때의 분명한 의도가 있음에도 불구하고 상대방은 이를 알아채지 못하거나 전혀 다른 뜻으로 오해하는 경우도 많다. 눈빛만으로 통할 것 같은 가까운 사이에서도 온전히 이해할 수 없는 구석은 항상 있기 마련이다. 그래서 우리는 의도치 않은 모습으로 서로를 대하는 서투른 실수를 반복한다. 모든 의사소통에는 오해가 있을 수 있지만 수용되지 못한 내밀한 감정은 단순히 사실이 잘못 전달되는 경우보다 관계에 훨씬 더 큰 파장을 몰고 온다.

"자기야 나 요즘 힘들어."
"자기 많이 힘들구나. 무슨 일이야? 말해봐. 괜찮아."

VS

"여보, 나 요즘 사는 게 힘들다."
"그럼 돈 많은 사람이랑 결혼하지 그랬어!"

만난 지 보름쯤 지난 캠퍼스 커플과 수십 년을 동고동락한 부부의 대화는 다르다. 서로를 알아가는 과정에서 '자기 노출'은 그대로 객관적인 정보로 인식되지만, 이미 서로에 대해 잘 알고 있다고 생각하는 관계에서는 자연스럽게 속뜻을 짐작하게 된다. 평소 아내에게 잘해주지 못해 미안했던 남편은 아내의 사소한 하소연에 발끈하는 것으로 서툴게 자신의 마음을 표현했다. 아내는 아내대로 자신의 이야기를 들어주지 않는 남편이 야속하고, 남편은 남편대로 불만을 늘어놓으려는 아내에게 서운함을 느꼈던 것이다.

이때 아내의 하소연은 남편 입장에서는 단순한 감정 표현으로 들리지 않는다. 그것은 사적인 정보이기 이전에 그들 관계의 문제로 인식되기 때문이다. 함께 하는 시간이 길어지고 서로가 깊이 연결되어 있을수록 상대방이 느끼는 부정적인 감정을 객관적으로 받아들이기란 생각처럼 쉬운 일이 아니다.

"누가 당신 때문이래? 그냥 힘들다고 말도 못 해?"

이미 오해로 마음이 닫혀버린 상대방에게 단지 위로받고 싶었다고 열을 올려봤자 이미 때는 늦었다. 배려가 있는 '자기 노출'과 '수용'이 서로를 의미 있는 관계로 이어준다. 무심결에 감정을 꺼내놓기 전에 지금 내 앞에 있는 상대를 바라보고, 상대방이 어렵게 꺼낸 말을 자신의 입장에서 속단하지는 않았는지 한 번쯤 돌아보는 여유도 필요하다. 아내는 지금도 오래전 그날처럼 그저 당신의 진심 어린 위로가 필요했는지 모른다.

| 그는 나에게 거짓말을 한 걸까? |

"나를 다 안다고 생각해?"

어느 날엔가 남편이 내게 황당한 질문을 했다. 남편의 싱거운 질문에 '응'이라고 대답하고 방으로 들어가려는데 어째 남편의 반응이 떨떠름했다. 뭐라도 캐물어야 할지를 잠시 고민했지만, 남편에 대해서라면 딱히 궁금할 것이 없었다. 나는 건망증이 심해서 잊어버리기 쉬운 비밀번호와 잠금 패턴을 모두 남편과 같은 것으로 등록해 두었다. 휴대폰도 예외는 아니어서 만일 그의 사생활이 궁금했다면 직접 확인하면 그만이었다. 시간이 지나 그때 그가 나에게 하려던 말을 대략 짐작하게 되었지만 다시 캐묻지는 않았다.

'안다'라는 말이 그리 만만한 표현은 아니지만 내가 그를 '안다'라고 말한 것은 아내로서 '알 건 안다'는 의미다. 프라이버시를 지킨다는 것은 각자 비밀을 품고 지내거나 서로의 잘못을 무조건 눈감아 주는 너그러움을 강요하는 말이 아니다. 우리 부부는 모든 비밀번호를 공유하지만 방은 따로 쓴다. 서로가 알고 있어야 하는 사실이라면 조금 불편한 것이라도 솔직하게 말하려고 노력하지만, 상대방이 먼저 말하지 않는 사실은 다시 묻지 않는다. '알 건 아는' 상태지만 그렇다고 모든 것을 공유하지는 않는다. 그 기준은 약속으로 정한 것도 있고, 저절로 그렇게 된 것들도 있는데 기본 원칙은 서로의 '프라이버시'를 지키는 것이다.

부부관계 전문가 존 가트만John Gottman의 연구에 따르면 관계의 친밀도와 개인의 프라이버시를 지키는 것 사이에는 직접적인 상관관계가 없으며 오히려 가까운 관계일수록 암묵적인 규칙이 더 많다norm of non disclosure, Gottman, 1979. 암묵적인 커뮤니케이션을 한마디로 설명하면 '말하지 않아도 알아요' 정도가 될 것이다. 자신이 신뢰하는 사람에게는 거짓말을 하지 않는다. 그건 상대방도 마찬가지다. 만일 누군가에게 '솔직하게 말하라'고 추궁한다면 그것은 '나는 당신을 신뢰하지 않는다'라는 강력한 메시지를 전달하고 있는 셈이다. 이때 상대방은 자신을 신뢰하지 않는 사람에게 허물을 솔직하게 드러낼 이유가 없다. 그래서 한쪽에서는 목숨 걸고 프라이버시를 사수하려고 하고 다른 한쪽은 으름장을 놓으며 불신의 골이 점점 깊어지는 것이다.

거짓말은 크게 두 종류로 나뉘는데, 하나는 말하지 않은 것이고 다른 하나는 일부러 숨긴 것이다. 거짓말을 판단하는 기준이 너무 높으면 그 사람의 주변 사람은 모두 거짓말쟁이가 되고, 그 기준이 낮은 사람들은 대개 자기 합리화의 달인이다. 그 거짓말을 조금 자세히 들여다보면 일부러 어떤 사실을 숨겼더라도 오히려 주변 사람을 배려하는 선의의 거짓말인 경우도 있고, 반대로 무조건 정직해야 한다는 강박적인 원칙을 세워놓고 자신의 사생활을 함부로 털어놓아 오히려 주변 사람들을 곤란하게 만드는 경우도 있다. 이것은 솔직하게 자신을 드러낸 것이라기보다는 자신이 관계 속에 있다는 사실을 잊은 무책임한 행동에 불과하다.

프라이버시에 관한 가장 큰 오해 중의 하나는 비밀을 공유하면 무조건 더 가까워진다고 생각하는 것이다. 여기에는 분명한 개인차가 있는데, 가령 뒤이어 이야기 나눌 '회피형 애착 유형'을 가진 사람들은 친밀한 대상에게 프라이버시를 노출할 때에도 불편함을 느끼는 경향이 있다Mikulince&Nachshon, 1991. 그들에게 낯선 상대방이 비밀스러운 이야기를 건네거나 개인적인 질문을 한다면 그들은 친밀감 대신 불안을 느낄지도 모른다. 이들에게 '말하지 않으면 거짓말'이라는 구호가 얼마나 끔찍할지는 쉽게 예상할 수 있다.

관계의 초기에는 이러한 프라이버시의 경계가 조금씩 허물어지면서 자연스럽게 관계가 깊어진다. 그런데 이때 한쪽은 순식간에 자신의 경계를 허물어 상대에게 다가가려고 하고, 다른 한쪽에서는 자신을 드러내는 것을 불편하게 느끼는 경우가 있다. 프라이버시의 기준이 크게 다르면 어느 한쪽에서는 불필요한 마찰을 피하려고 사실을 숨기게 되고, 괜한 오해가 반복되면서 타협점을 찾기는 점점 어려워진다. 프라이버시의 기준을 설정하는 것은 마찰을 무릅쓰고서라도 관계 초기에 반드시 거쳐야 하는 과정이다. 아무런 노력 없이 시간만 흘러서는 '말하지 않아도 알아요'라는 암묵적 커뮤니케이션은 영영 통하지 않는다.

혹시, '우리 사이에는 절대로 비밀이 없어야 한다'라는 숨 막히는 원칙을 세워놓고 가까운 사람들을 옭아매고 있지는 않은가? 가깝고 친밀한 관계일수록 서로의 프라이버시를 지켜주는 것이 관계를 지키는 현명한 방법이 되기도 한다. '솔직히 말하면 봐준다'는 달콤한 말로 캐묻고 상처받기보다는 가끔 묻지도 따지지도 않고 상대방을 수용하는 아량을 발휘해보자.

| 그녀의 은밀한 사생활 |

L은 자신에게 군대 간 아들이 있다는 사실이 알려지자 바로 친목 모임을 탈퇴했다. 그녀는 어린 나이에 결혼하는 바람에 대학에도 진학하지 못했고 육아에 치여 젊은 시절을 그다지 행복하게 보내지도 못했다. 군대 간 아들의 존재가 알려지자 그녀는 사람들에게 자신의 지나온 시간을 모두 들킨 것처럼 느껴져서 너무나 부끄러웠다. "난 이제 시작인데, 다 키워놓고 부럽다."라는 말이 그녀에게는 칭찬으로 들리지 않는 것도 이 때문이다.

P는 이혼한 지인의 고민 상담을 해주었다가 최근 모임에서 곤욕을 치렀다. 이혼 후 힘들어하는 지인에게 자신의 경험을 이야기하며 위로했는데, 다음부터 모임에만 나가면 '같은 돌싱'이라며 자기 이야기를 꺼내는 통에 진땀을 뺀 적이 한두 번이 아니다.

노출의 경계를 나누는 기준은 사람마다 각기 다르다. 나에겐 아무렇지 않거나 가끔은 부럽기까지 한 상대방의 사생활이 그 사람에게는 어떻게든 숨기고 싶은 과거일 수도 있고, 때로는 공감하려고 했던 말이 예상치 못한 폭로전이 되어버리는 경우도 있다. CMBT 이론communication boundary management theory에 따르면 우리는 자기 노출과 프라이버시의 균형을 맞추며 커뮤니케이션의 경계를 관리한다. 누군가에게 비밀을 털어놓는 것은 몇 가지 기대효과를 갖는다. 우선 비밀을 털어놓고 나면 마음이 후련해지고, 그것과 관련하여 상대방이 자신을 지켜줄 것이라는 안정감을 느끼게 된다. 다만, 큰맘 먹고 한 말이라고 해서 상대방도 이 사실을 무조건 긍정적으로 수용하리라고 기대하지는 않는 편이 좋다.

얼마 전 좋은 취지의 강연회에 참석했다. 그날 강연자의 설득력 있는 목소리와 몸짓이 아주 인상적이었는데 강연이 절정에 다다랐을 때 연사는 자신의 이야기를 꺼내며 갑자기 감정이 복받치는 듯 울먹이기 시작했다. 언뜻 보기에도 그는 제대로 감정을 주체하지 못하는 듯 보였다. 아직 정리되지 않은 감정인 것이 분명했다. 수군거리는 목소리 중에는 학습자를 대상으로 감성팔이 신파극을 한다며 비난하는 사람들도 있었는데, 내가 보기엔 그도 미처 예상하지 못했던 실수라는 생각이 들었다.

드러내기 어려운 감정을 용기 있게 꺼낸다고 해서 갑자기 그 일이 아무렇지 않은 일이 되는 것은 아니다. 우리가 평소에 드러내기를 망설였다면 거기에는 분명한 이유가 있다. 부정적인 사건과 관련이 있거나 무의식에 깊이 각인된 이야기일 수도 있다. 감정에 직면하는 용기를 내겠다고 무턱대고 자신의 경험을 털어놓는 것은 '할 수 있다!' 크게 한 번 외치고는 사자 우리에 뛰어드는 것만큼이나 무모한 행동이다. 자신의 감정을 사지로 내모는 셈이다. 어떤 이유로든 지금까지 숨겨왔던 감정을 드러내려고 할 때는 누군가 그곳을 송곳으로 찔러도 꿈쩍하지 않을 만큼 단단해져서 자신이 그 감정을 스스로 건져낼 수 있을 때, 조심스럽게 용기 내어 보는 것이다.

살짝만 밀어도 휘청거리는 마음 상태로 섣불리 감정을 드러냈다가는 상대방과 가까워지기는커녕 서로에게 마음의 짐만 남기게 될 수도 있다. 자신의 끔찍한 사연을 기꺼이 공유하며 하얗게 불태운 그녀의 '공연'에 가까운 '강연'은 청중의 공감을 얻는 데 성공했을까? 모두가 그녀를 안타까워하는 듯 보였지만 공감을 얻어내기에는 역부족이었다. 스스로 주체하지 못하는 감정으로는 상대방의 공감을 얻어내기 어렵다. 자신의 이야기가 상대로부터 공감을 얻으려면 거기에는 상대방이 들어올 수 있는 공간이 있어야 한다. 드러내기 어려운 감정일수록 공유할 마음의 준비가 충분히 되었는지 스스로 여러 번 묻고 확인해야 한다.

지나치게 솔직한 자기 노출이 관계를 위험에 빠뜨릴 수도 있다. 누군가 뒤늦게 중요한 비밀을 털어놓으면 공감하거나 위로를 건네는 사람이 대부분이지만 또 어떤 사람은 지금까지 감쪽같이 속이다니 앙큼하다고 뒤에서 욕하거나, 흠인 줄도 모르고 자기 얘기를 떠벌리고 다닌다고 손가락질하기도 한다. 혹은 이야기를 털어놓는 상대방의 입장을 충분히 이해했더라도 그대로 받아들이기에는 부담스러운 경우도 있다. '자기 노출'은 자신의 모든 것을 보여준다는 의미가 아니다. 빨리 가까워지려고 욕심내거나 마음의 짐을 덜겠다는 이기적인 생각으로 말해 놓고는 듣는 사람의 몫으로 책임을 돌리는 것은 바람직한 자기 노출이 아니다. 내 마음은 후련해졌을지 몰라도 상대방은 속으로 '차라리 몰랐으면...'이라는 말을 수없이 외치고 있을지 모른다.

마지막으로 자신의 사적인 이야기를 꺼내기 전에 반드시 고민할 것은 그 시기다. 일반적으로 부정적 정보를 노출하는 것은 관계의 마지막 단계에 이루어지지만, 여기에는 예외가 있다. 연구에 따르면 부정적 정보의 원인이 당사자에게 있다고 생각하는 경우에는 사건의 초기에 그 사실을 이야기하는 것이 친밀한 관계를 유지하는 데 긍정적인 역할을 한다Jones & Gordon, 1972.

"나중에, 때가 되면, 말하려고 했는데…."

상대방이 상처받을 것이 걱정되어 선의에서 미뤄두었던 말이었겠지만, 그 '때'를 놓치는 바람에 상대방과 영영 멀어지게 될 수도 있다. 언제라도 꼭 해야 할 만큼 중요한 사실이 입가에서 맴돈다면, 그 이야기를 털어놓기에 가장 적당한 때는 바로 지금이다.

| 내가 아는 내가 다가 아니다 |

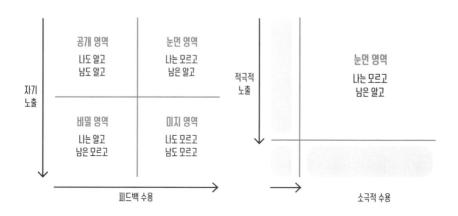

눈먼 영역이 넓은 주장형 의사소통

J는 최근 모임에서 '자기중심적'인 명상가를 만났다. '자기중심적'이라는 말이 오랜 시간 성찰하며 심신을 다져온 명상가에게는 어울리지 않지만 그를 한 마디로 설명하려면 어쩔 수가 없다. 그는 매일 아침저녁으로 자신을 돌아본다며 강연 내내 성찰의 중요성을 강조했다. 이야기를 마칠 때쯤에는 자신이 진행하는 명상 클래스의 홍보도 잊지 않았는데 어째서인지 사람들의 반응이 시큰둥하다. 쉬는 시간에 옆 테이블에서 수군거리는 소릴 들으니 오래전부터 그의 독단적인 행동이 사람들을 불편하게 해왔던 모양이다. 그런데 정작 본인은 이런 사실을 전혀 모르는 눈치였다. 그는 지금껏 그가 말한 대로 수없이 자신을 돌아보았을 것이다. 그러나 깊은 자아성찰만으로 자신을 완전히 알아차리기에는 역부족이다.

위 그래프에서 보듯이 눈먼 영역에서 '주장형 의사소통'을 하는 경우 '자기표현'을 잘 하기 때문에 솔직하다는 인상을 주지만 '피드백'을 수용하는 데는 어려움을 겪는다. 사람들은 자신에게 지나치게 몰두할 때 오히려 자신을 스스로 돌아보지 못하는 아이러니를 겪는다. 결국 어떻게든 알게 되겠지만 누군가의 호통이나 뒷담화를 듣고 뒤통수가 화끈거릴 때는 이미 때가 늦은 경우가 많다. '내가 보는 나'의 모습이 자신의 전부 혹은 대부분일 것이라는 착각이 이러한 맹점을 만든다. 그래서 앞서 수십 년의 성찰을 통해 자신을 잘 알게 되었다고 호언장담하던 명상가마저도 자신을 냉담하게 바라보는 사람들의 시선을 전혀 느낄 수 없었던 것인지도 모른다.

스스로에 대해 전지전능하다는 생각을 내려놓을 용기가 필요하다.

이러한 맹점을 보려면 전제되어야 하는 생각이 있다. 편견은 다른 사물이나 사람을 대할 때만 생기는 것이 아니라는 사실이다. 자신을 보는 눈에도 마찬가지로 편견이 작용한다. 우리는 일반적으로 자신의 능력을 높이 평가하는 경향을 보이는데Better Than Average Effect, 이 때문에 다른 사람의 관점에서 자신을 객관적으로 보기가 어렵다. 당신은 얼마나 자주 다른 사람들의 의견을 요청하는가? 혹은 그들의 말 하지 않는 피드백에 얼마나 자주 의식적으로 귀 기울이는가? 가장 최근에 다른 사람으로부터 받은 피드백은 무엇이며, 누구로부터 어떤 피드백을 받고 어떻게 행동했는지 떠올려보자.

나에게 피드백을 준 사람은 누구인가?

· ●

그는 나에게 어떤 점을 일깨워 주었는가?

· ●

나의 즉각적인 반응과 이후의 대처는 어땠는가?

· ●

| 내가 모르는 나를 상대방은 알고 있다 |

P는 얼마 전 회의에서 후배 S에게 싫은 소리를 한 것이 맘에 걸렸다. 동료에게 자신의 행동에 관해 피드백을 요청하면서 "내가 좀 직설적으로 말하는 편인 것 같아. 그날 회의에서 S가 당황하지 않았을까?"라고 물었더니 회의에 참석했던 동료는 의아하다는 듯 대답했다. "무슨 말이야. 그렇게 돌려서 말했는데 알아들었으면 다행이겠다." 그녀는 충분히 단호했다고 생각했는데 의외의 대답이었다. 그제서야 후배가 같은 실수를 자꾸 반복하는 이유를 알 것도 같았다. 아마 그날의 피드백이 없었다면 P는 아직도 엉뚱한 문제로 마음고생을 하고 있을 것이다. 요즘 그녀는 '단호하고 솔직하게 의사 표현하기'를 연습 중이다.

큰 실수를 하는 바람에 혼쭐이 나는 경우가 아니라면 자신의 행동에 대해 직접적으로 피드백을 얻을 수 있는 상황은 그리 흔치 않다. 업무과 관련된 것이라면 비용을 지불하고 코칭을 받거나 선임에게 도움을 청할 수도 있겠지만, 어느 상황에서나 흔쾌히 조언해 주겠다는 사람을 찾기란 그리 쉬운 일이 아니다. 그야말로 돈으로 살 수 없는 상대방의 '선의'가 필요하다. 하물며 선의에서 시작되었더라도 부정적인 피드백이 불편한 상황을 만들 수도 있다는 생각 때문에 상대방은 솔직하게 말하기를 망설이게 되는 경우가 많다.

디자이너 P는 최근 지인들과 함께 디자인 콘셉트에 관한 세미나에 참석했다. 누군가 용기 있게 발제자의 생각에 자신의 의견을 덧붙였는데 안타깝게도 그 뒤로는 그의 의견에 대한 더 길고 지루한 역 피드백이 이어졌다. 내내 잠자코 있던 P는 누군가 자신의 의견을 물었을 때 '안전하게' 아무 말도 하지 않는 쪽을 선택했다.

"응. 좋은데?"
"어, 정말이야."

피드백을 할 때만큼 '하얀 거짓말'이 자주 등장하는 경우도 드물다. 단순히 의견을 나누는 자리에서도 이렇게 보호 본능이 발동하는데, 조직에서 동료나 상사에게 직언하는 일은 현실에서는 거의 불가능에 가깝다. 그러므로 불필요한 감정 소모를 감수하면서까지 기꺼이 조언해 줄 대상을 찾는다면 명심할 것이 있다. 그것은 바로 피드백을 수용할 수 있는 용기다. 주변에서 당신을 제일 잘 알 것 같은 사람을 한 명만 떠올려보라. 대개는 가족이나 친한 친구 또는 항상 따뜻한 조언을 아끼지 않는 지인을 떠올리게 될 것이다. 지금 그에게 피드백을 구한다면 당장 어떤 답이 돌아올 것 같은가? 위로나 응원이 아닌 '피드백'을 얻기 원한다면 방금 했던 질문의 대답으로 '엄지 척'이 바로 떠오르는 상대는 피하는 편이 좋다.

가끔 피드백의 내용이 자신이 기대한 것과 다르다며 더 이상 듣기를 거부하는 상대를 만나기도 한다. 변화하겠다고 다짐은 했지만 내키지 않는 자신의 모습과 직면하는 용기를 내지 못해서다. 그러나 변화는 바로 그 불편과 두려움을 감수한 뒤부터 시작된다. 말로만 절실하게 도움을 구하면서 정작 자신은 변하지 않으려는 태도는 눈과 귀를 닫은 '자기 중심적인 명상가'의 자기 맹신과 다를 것이 없다. 최근 한 유튜브 채널에서 최정상의 플루티스트에게 레슨을 받는 신동의 영상을 보았다. 한 마디라도 놓칠세라 집중하고 있다가 선생님의 피드백이 끝나기가 무섭게 그 쪼그만 손가락을 움직여 자신의 운지에 적용해 보는 것이 아닌가? 우리가 피드백을 구할 때 상대방의 생각을 미루어 짐작하지 않고 직접 물으며 불편함을 감수하려는 이유는 변명의 여지를 찾기 위해서가 아니라, 상황에 더 적극적으로 직면하기 위해서다. 변화의 의지를 가지고 겸손하게 피드백을 수용할 때 우리 삶에는 극적인 변화가 일어난다.

그렇다고 조언을 수용할 수 있는 용기가 가혹한 험담을 견디는 능력을 의미하는 것은 아니다. 날카롭게 단점을 찍어내는 피드백을 견디고 보니 지나치게 개인적인 감정이거나 매사에 부정적인 상대방의 관점을 피드백에 그대로 적용한 것에 불과한 경우도 있다. 감정에 치우친 비난을 건설적인 피드백으로 걸러내어 받아들이기란 생각처럼 쉬운 일이 아니다. 혹여 강철 멘탈을 타고났더라도 애초에 제대로 된 피드백을 구할만한 대상과 방법을 고민하는 편이 훨씬 효율적이다. 피드백을 얻는 것이 비난을 견디는 소모전이 되지 않도록 서로의 성장을 진심으로 응원할 수 있는 상대에게 조언을 구하는 것이 좋다.

위의 두 가지 조건은 마지막 장 〈관계를 보는 네 가지 관점〉에서 타인을 보는 '진정한 관점'으로도 설명할 수 있는데, 여기서 적당한 피드백 상대는 반드시 오랫동안 알고 지냈거나 높은 수준의 전문성을 가져야 하는 것은 아니다. 건설적으로 피드백 할 수 있는 기본적인 지식을 바탕으로 서로를 지지하는 지속적인 관계를 통해 우리는 더불어 성장하는 경험을 나눌 수 있다.

지금 나에게 가장 객관적으로 조언할 수 있는 사람은 누구인가?

• •

| 저를 어떻게 생각하세요? |

"저 어떤 사람 같아요?"

누군가 대뜸 당신에게 이렇게 묻는다면 어떻게 대답할 수 있을까? 아마도 상대방의 맥락 없는 질문에 오만가지 생각이 들기 시작할 것이다. 이렇게 두루뭉술한 질문으로는 원하는 답을 얻기 어렵다. 구체적인 피드백을 원할수록 구체적으로 질문하는 것이 좋다. 그렇다면 이번에는 어떤가?

"제가 좀 소심한 편이라 상대방을 피곤하게 만드는 것 같아요."
"혹시, 그런 느낌이 드는 때가 있었다면 얘기해 주실 수 있나요?"

점심 식사를 마치고 회사 로비에서 가벼운 대화를 나누다가 누군가 이렇게 묻는다면 뭐라 대답하기 힘들기는 마찬가지일 것이다. 누구에게 물을 것인지를 정하고 상대방에게 양해를 구했다면 피드백에 집중할 수 있는 시간과 장소를 미리 정하는 것이 좋다. 이때, 질문은 반드시 사전에 정리하여 상대방의 시간을 배려해야 한다. 잘 정리된 질문은 이미 수없이 많은 고민과 실행을 거쳐왔음을 의미한다. 나의 성장을 기대하며 기꺼이 도움을 주려는 상대방이 그것을 모를 리 없다. 충분한 준비는 늘 가치 있는 결과를 보장한다. 피드백을 구할 때도 마찬가지다.

또한, 피드백을 요청할 때에는 공연한 하소연으로 들리지 않도록 개선의 의지를 가지고 간단명료하게 질문하는 것이 좋다. 상대방으로부터 성실한 피드백을 얻을 수 있을 뿐 아니라, 직설적인 피드백을 받더라도 상처받지 않고 객관적으로 수용할 수 있는 용기를 얻게 된다.

타인의 지식을 구하려고 하면서, 자신의 의견을 고수하려 한다면
분별력 있는 사람은 당신의 잘못을 굳이 알리려 하지 않을 것이다.
-벤저민 프랭클린-

| 용기를 만드는 내공 알약 |

가끔 이렇게 작정하고 묻지 않아도 저절로 피드백이 굴러들어올 때가 있다. 제대로 된 피드백을 얻기가 얼마나 어려운지를 생각해 보면 굴러들어 온다는 표현이 가장 적당해 보인다. 그런데 이런 귀한 기회가 면전에서는 좀처럼 반갑게 느껴지지 않는다. 그래서 잘되라고 하는 말은 죽도록 듣기 싫고, 역사적으로도 바른말을 하고 귀양살이를 떠나는 충신이 많았다. 할 일을 미루는 게으름을 지적당하면 왜 그럴 수밖에 없는지를 설명하는 데 한나절을 보내기도 한다. 자신에게는 합리적인 설명이지만 상대방에게는 구차한 변명이다. 상대방의 성장을 바라는 마음으로 곤란함을 무릅쓰고 조언했지만, 개선의 의지가 보이지 않으면 선의의 피드백은 거기서 멈춘다.

간혹, '내가 너를 생각해서 말해주는 건데'라는 위로의 말로 가장하

고 마음을 후벼파는 비난도 있을 수 있다. 아무리 마음의 무장을 하고 누군가를 만나도 우리는 여전히 비난에 분노하고, 꾸지람에는 자신도 모르게 토를 달며 변명하게 된다. 사람은 누구나 본능적으로 비난으로부터 자신을 보호하고 싶어 한다. 그래서 누구나 피드백은 두렵다. 이것은 용기 내어 피드백을 직접 요청했을 때나 기습적인 비난을 당할 때도 마찬가지다. 평소에도 약점이라고 생각했던 아킬레스건이 공격을 받으면 웬만한 처방으로는 마음을 다스리기가 어렵다. 그럴 때 필요한 것이 바로 내공 알약이다.

나에게는 마음이 지칠 때마다 꺼내 보는 사진이 한 장 있다. 야학에서 일하던 마지막 날 밤 학생들과 찍은 사진이다. 두 살 어린 나를 '선생님'이라고 부르며 대학 시절 내내 늘 함께였던 '나미 언니'가 나에게는 소중한 추억이자 나를 지탱하는 '내공 알약'이다. 우리는 서로 '고맙다'는 말을 참 많이 했다. 약점을 후벼파는 피드백으로 한없이 쪼그라들 때, 나는 누군가에게 무척 고맙고 소중한 존재라는 것을 잠시 떠올리는 것만으로도 힘이 솟는다. 피드백을 인정하고 실천에 옮기려면 우리에게는 내공 알약이 꼭 필요하다. 당신의 가치감을 상기시키는 지난 경험을 떠올려보라. 화내거나 토 달지 않고도 피드백을 수용할 수 있는 마음의 여유가 생길 것이다.

당신의 '내공 알약'은 무엇인가?

• • •

우리는 피드백을 통해 성장의 기회를 얻기도 하지만 자신도 미처 몰랐던 새로운 모습을 발견하기도 한다. 이때 자기 비판적인 사고방식에 젖어 있으면, 마치 자신을 과신하는 사람들이 조언을 받아들이지 못하는 것처럼 자신의 장점을 있는 그대로 수용하지 못하게 된다. 진심 어린 조언을 비난으로 인식하여 상처받거나 칭찬은 빈말로 대수롭지 않게 넘겨버리는 실수를 저지르기도 한다. 하지만 우리가 성장하는 데는 약점을 개선하려는 노력 못지않게 강점을 인식하고 계발하는 것도 중요하다.

자신은 따뜻한 사람이 못 된다며 늘 무심하게 대답했지만 바쁜 출근길에도 구걸하는 할머니를 그냥 지나치지 못하는 사람이 있었다. 그 사람은 퇴근길 노점상 아주머니의 언 손을 보면 무뚝뚝하게 '다 주세요.' 하고는 양손에 검은 봉지를 들고 지하철을 타곤 했다. 자신은 사랑받지 못하고 자랐기 때문에 누군가를 사랑할 수 없을 거라고 단언하던 그 사람의 마음은 누구보다 따뜻했다. 누구나 세상의 빛이 되는 달란트를 타고난다. 달란트는 기술적인 재능만을 의미하지 않는다. 진심이 담긴 말과 행동은 마음이 아픈 사람을 살리기도 한다. 누군가의 여유로운 미소는 다른 사람의 조바심을 누그러뜨릴 수 있고, 매사에 철저한 사람이라면 누군가의 서툰 실수를 보살필 수도 있다. 상대에게 잘 보이려고 좋은 사람인 척거나 일부러 무심하게 대하지 않아도 상대는 이미 당신이 좋은 사람이라는 것을 안다. 가끔은 다른 사람의 눈으로 보면 더 잘 보이는 것들이 있다.

남들은 모르는
나

| 말하지 못하면 약점이 됩니다 |

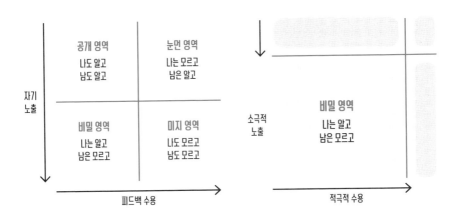

비밀 영역이 넓은 신중형 의사소통

자신을 잘 드러낼 줄 아는 사람을 가리켜 '자기표현에 능숙하다'고 말한다. 우리는 눈치 없는 수다쟁이가 아닌 자기표현에 능숙한 사람이 되기 위해 부정적인 감정이나 정보는 되도록 숨기고 선택적으로 자신을 드러내려고 한다. 이 과정에서 나만 알고 남들은 모르는 '비밀 영역'이 넓어지며 이때의 의사소통 유형을 '신중형 의사소통'으로 구분한다. 사람들 사이에서 혼자만 알고 있는 사실이 있으면 불편한 것과 마찬가지로 자신에 대해 숨기거나 꾸며내는 것이 많아지면 누군가와 함께 있는 시간이 불편할 수밖에 없다.

'신중형'은 현대인에게 가장 흔하게 나타나는 의사소통 방식이다. 가까운 사람들과는 편하게 지내지만, 직장동료를 대하거나 새로운 관계를 시작하는 것은 누구에게나 어렵게 느껴지게 마련이다. 상대방에게 좋은 인상을 주려고 자신도 모르는 사이 말과 행동이 지나치게 신중해지거나 부정적인 감정을 자꾸만 숨기게 된다. 그러면 처음에는 수용적이고 속 깊은 사람으로 자신을 포장할 수 있지만 안타깝게도 이렇게 시작된 관계는 오래가지 못한다. 신중하기만 한 관계에서는 서로가 그 깊은 속을 알 수 없어서 오히려 깊은 관계로 발전하기 어렵다.

'자기 노출'은 스스로 드러내도 괜찮다고 판단한 것들을 겉으로 표현하는 것을 말한다. 그런데 이 '괜찮다'는 말에 함정이 있다. 있는 그대로의 모습을 드러내면 상대방이 실망하거나 자신을 속단해버릴까 두렵기 때문에 좀처럼 솔직해지기가 어려운데다가 상대의 반응을 보아하니 자신의 모습을 그냥 드러내기에는 전혀 괜찮지가 않은 것이다. 그래서 '비밀 영역'의 정보는 단지 드러내지 않았다기보다는 의도적으로 숨겨진 '콤플렉스'의 영역이기도 하다.

누구나 말 못 할 사연을 한두 가지쯤은 가지고 있다. 아주 친밀한 관계에서만, 그것도 사족을 잔뜩 달아서 겨우 털어놓을 만큼 내밀한 사생활이 누구에게나 있다. 그러나 자신에 대한 정보를 온통 '비밀 영역'에 두고 제대로 드러내지 않으면 상대방이 자신에 대해 제대로 알 수 없음은 물론이고 숨기려는 마음이 상대방에게 고스란히 전달되어 거리감이 생긴다. 게다가 상대방의 반응에 민감한 상태에서는 아무리 좋은 말도 공격이나 질책으로 느껴지기 쉽고 이때 상대방의 피드백은 오히려 '자기 노출'을 위축시키는 악순환을 만든다.

밖으로 꺼내어 말하지 못하는 사실은 약점이 된다. 경문왕의 '귀 설화'에는 '임금님 귀는 당나귀 귀'라는 바람 소리에 마침내 왕관을 벗어 던진 왕이 등장한다. 당나귀 귀를 숨기려고 애를 쓸 때는 부풀려진 소문이 무성했지만, 막상 왕관을 벗어 던지고 나서는 아무것도 아닌 일이 되었다. 자신만의 약점이라고 생각했던 것들이 알고 보니 누구나 겪는 일이거나, 정작 그것 때문에 전전긍긍했던 자신을 제외하고는 모두에게 별일 아니었던 경험은 우리 주변에서도 쉽게 찾아볼 수 있다.

이런 경험에도 불구하고 우리가 '비밀 영역'을 고수할 수밖에 없는 데에는 한 가지 고질적인 생각 습관이 있다. 바로 '남이 나를 평가하고 있다'는 착각이다. 삶의 기준이 외부에 있으면 남들과 비교하거나 다른 사람의 눈치를 살펴 그 기준에 부합하려고 애를 쓰게 되는데, 그 기준에 미치지 못한다는 생각이 들면 누구든 자신을 숨기고 포장할 수밖에 없다. 그러다 실패하면 가상의 이미지를 만들어 놓고 그 속에 갇혀버리는 안타까운 일이 생긴다. 이어지는 단락에서는 이제껏 우리가 제대로 자신을 드러낼 수 없었던 몇 가지 이유에 관해 좀 더 이야기 나누고, '타인의 눈'을 검열의 기준이 아닌 관계의 시작으로 만들기 위한 방법을 함께 나누어 보려고 한다.

| 눈치, Self-monitoring |

'동물의 왕국'에서 가장 위태로운 장면은 뭐니 뭐니 해도 무리에서 떨어진 망아지와 맞은편에서 이를 응시하는 암사자의 투 샷이다. 하물며 성인이 되어서도 겨우 조랑말만 한 인간에게 무리에서 벗어나는 것은 곧 죽음을 의미한다. 이 위협적인 사실은 조상 대대로 유전자에 기록되어 있다. 그런 의미에서 사회 현상을 이해하는 데 가장 중요한 개념 중 하나가 바로 인간이 가진 '소속의 욕구'이다. 한 인간이 무리에 잘 스며들기 위해서 꼭 필요한 능력, 그것이 바로 '눈치'다.

현대 심리학에서는 눈치를 '자기 모니터링self-monitoring'의 개념으로 설명한다. 이는 타인과의 상호작용에서 자신의 사고와 감정을 관찰하면서 행동을 조절해가는 과정을 말하는데 자기 모니터링 경향이 높은 high self-monitoring 사람은 자신의 행동이 타인에게 어떻게 받아들여지는지에 민감하여 융통성 있게 상황에 대처할 수 있다. 이것은 단순히 상대방의 비위를 맞추려고 가식적으로 행동하는 것과는 차이가 있다. 직장에서 동료나 상사에게 매번 직언을 날릴 수 없는 상황에서 적당한 '눈치'는 전진을 위한 일 보 후퇴 전략이 되기도 하고, 노련한 세일즈맨은 속을 뒤집어놓는 진상 고객을 상대할 때조차 상대방이 원하는 바를 용케 알아채고 실적을 낸다.

그뿐 아니다. 우리는 가끔 주변 사람의 반응을 살펴 평소와는 전혀 다른 사람처럼 행동하거나 속마음을 숨기고 재빠르게 위기를 모면하기도 한다. 만일 '나 예뻐?'라는 연인의 말을 듣고 이것이 사실인지를 진지하게 고민한다면 상황은 곧 파국으로 치달을 것이다. 그래서 '눈치'는 동물적인 본능에 따라 반사적으로 튀어나온다. 인간관계에서 이러한 반응은 수시로 일어난다. 우리는 서로의 말과 행동을 자세히 살펴 상대방으로부터 호감을 얻기도 하고 다른 사람들을 따뜻하게 배려하기도 한다. 아무렴, 관계가 깊어지는 데에는 '눈치'만큼 중요한 것이 없다.

때로는 몸짓 언어가 말보다 훨씬 강력해서 상대방의 표정이나 말투를 보고 즉시 상황을 미루어 짐작하기도 한다. 침묵하기, 째려보기, 갑자기 고개를 홱 돌리는 것 등 매 순간 자신의 말과 행동에 대하여 상대방은 어떤 식으로든 반응을 보이고, 사람들은 이러한 상황에 비추어 자신의 행동을 결정한다. 이 과정에서 신중한 태도가 도를 넘어서는 것을 가리켜 '눈치를 본다'라고 말한다. 적당한 눈치self monitoring는 관계를 원활하게 만드는 윤활유 역할을 하지만 지나치게 타인을 의식하느라 행동이 제약을 받기 시작하면 그 관계는 곧 불편해지고 만다.

남들의 시선을 신경 쓰면서 불안해하는 것은 소위 내향적인 사람들에게나 어울린다고 생각하기 쉽다. 그러나 자신의 말과 행동을 돌아보며 걱정하는 것은 대부분의 사람들이 일상적으로 경험하는 것이다. 누구나 익숙하지 않은 환경에서는 불편함을 느끼지만, 각자가 나름의 방식대로 들키지 않으려고 애를 쓴다. 소외되고 싶지 않은 마음이 간절할수록, 타인의 시선에 민감할수록 걱정은 더 커지게 마련이다. 불편한 감정을 극복하려는 노력은 사람들의 행동 유형에 따라 지나치게 밝은 모습으로 나타났다가, 또 어떤 때는 입을 꾹 다물고 꾸역꾸역 자리를 지키는 것으로 그 표현을 대신하기도 한다. 그렇다면 어디서나 호탕하게 잘 웃는 사람은 이런 불안을 전혀 경험하지 않는 것일까?

결론부터 말하자면 내향적이거나 외향적인 행동 양식이 사람들의 사고방식에 항상 절대적인 영향력을 미치는 것은 아니다. 앞서 언급한 것처럼 다른 사람을 어떻게 인식하는지에 따라 '신중함'의 정도가 결정된다. 겉으로는 거리낌 없이 행동하는 것처럼 보이더라도 '남은 나를 평가한다'고 생각하는 한 '신중함'은 늘 도를 넘게 마련이다. 깨방정으로 분위기를 띄우건 인상파로 허세를 부리던 속으로는 매한가지다. 괜찮은 사람으로 인정받거나 최소한 무시는 당하지 않으려고 안간힘을 쓰게 된다. 이런 마음으로는 누군가와 함께하는 시간이 길어지고 서로 가까워질수록 불편한 감정이 더 커질 뿐이다.

J는 항상 크게 말하고 많이 웃는 편이라 저녁 무렵엔 예외 없이 방전이다. 그녀의 긍정적인 에너지 덕분에 주변은 늘 활기가 넘친다. 지인들은 항상 할 말 다 하고 사는 듯한 J를 부러워했지만, 그녀에게 늘 이렇게 말하는 선배가 있었다. "그렇게까지 다른 사람들을 배려하지 않아도 돼." 처음에는 그저 사람 좋아 보인다는 칭찬이라고 생각했는데 돌아보니 '그렇게 눈치 보지 않아도 된다'는 따뜻한 위로다. 항상 분위기 메이커이던 그녀였지만 매 순간 상대방과 거리를 조율하느라 속으로는 항상 신중함이 도를 지나쳤다. 그러다 그 불편한 마음을 선배에게 들켜버렸다.

누구나 그렇다. 자신을 드러내는 일은 누구에게나 늘 조심스럽고 관계로 깊이 연결되는 것은 더더욱 그렇다. 누군가는 항상 와자지껄한 가운데 풍요 속의 빈곤을 겪기도 하고, 마음이 힘들어 그 자리에 가만히 멈추어 있을 때 슬며시 다가와 주는 고마운 사람도 있다. '사람들은 생각보다 당신에게 관심이 없다.'라는 말이 어떻게 들리는가? 이 말에 쉽게 동의했더라도 자신에게 적용하기는 말처럼 쉽지 않았을지도 모른다. 내가 다른 사람을 신경 쓰는 것처럼 누군가가 나를 지켜보고 있을 것이라는 생각이 드는 데다가, 남몰래 마음고생 하던 J를 토닥여준 선배의 배려도 그녀를 관심 있게 지켜보는 데서 시작하지 않았던가?

여기서 '관심이 없다'라는 말은 '남들은 나를 평가하지 않는다'라는 말이다. 다른 사람의 관심을 어떻게 인식하는가에 따라 배려와 눈치, 셀프 모니터링이 구분된다. 지금, 다른 사람을 바라보는 당신의 관점은 어떠한가? 타인은 자신의 거울이다.

| 눈치 주지 않아도 눈치는 보인다 |

맞은 사람은 있는데 때린 사람은 없다면 이보다 난감한 일이 또 있을까? 그런데 언뜻 비슷해 보이는 상황에서 눈치 '주는' 사람이 없어도 눈치 '보는' 사람은 늘 있게 마련이다. 어째서일까?

G는 되도록 상대방의 입장에서 말하고 행동하는 편이다. 그러다 보니 줏대 없다는 소리를 듣는 일이 다반사다. 다른 사람의 이야기에 맞장구치기는 쉬워도 정작 자신의 이야기를 꺼내기는 어렵다. 가끔 꼭 하고 싶은 말이 생각나더라도 남들이 혹시 틀렸다고 생각하지는 않을지, 너무 성급하게 꺼내는 말이거나 괜히 뒷북치는 건 아닌지 이런저런 고민을 하다가 말할 타이밍을 놓쳐버리고 만다.

M은 고집스러울 만큼 자기주장이 확고해 보인다. 다른 사람이 어떻게 생각하든 상관없다며 항상 '내 인생은 마이웨이'를 외친다. 그러다 누군가 조언이라도 할라치면 '남 얘기'로 일축하고는 곧바로 귀를 닫아버린다. 늘 내키는 대로 자유분방하게 사는 것처럼 보이지만 그의 말과 표정에서는 항상 예민함이 느껴진다. M은 G에게 언제까지 남들 생각에 휘둘려 살 거냐고 큰소리를 친다.

둘은 형제다. 왠지 소심해 보이는 G와 여간해선 남의 말을 듣지 않는 M은 겉보기에는 전혀 비슷한 구석이 없는 것 같지만, 알고 보면 둘 다 마음이 여린 데다가 다른 사람들의 불편한 시선을 견디는 것을 어려워한다. 소위 '목소리 큰' 사람에는 두 가지 부류가 있다. 한쪽은 자기검열이 너무 낮아서 누가 뭐래도 신경 쓰지 않는 사람들이고, 다른 한쪽은 그것을 '동경'하는 사람들이다. 겉으로는 비슷해 보이지만 후자는 다른 사람의 시선을 너무 의식한 나머지 타인의 말과 행동에 과도하게 예민하게 반응한다. 이런 예민함까지 들키지 않으려니 사람들과의 관계가 편할 리 없다. '강박적인 자기 확신'을 가진 사람들은 다른 사람의 생각에 휘둘리지 않으려고 늘 안간힘을 쓴다.

"사람들 본다."
"남들이 들으면 뭐라고 하겠니."

홀어머니 밑에서 자란 어린 형제는 항상 이런 말을 들으며 컸다. 혼자서 남자아이 둘을 감당하기 어려웠던 어머니에게 사람들의 시선은 천방지축으로 날뛰는 아이들을 붙들어 매기에 가장 효과적인 방법이었을 것이다. 형제는 동네 어른들에게 칭찬을 받을 때면 잠시 으쓱해지기도 했지만 그런 기분은 매번 그때뿐이었다. 뭔가 잘못한 것이 있을 때는 동네 어귀를 돌아 어둑어둑해질 때까지 밭도랑을 어슬렁거렸고, 어머니에게 크게 혼이 난 다음 날 아침에는 혹시 말소리가 새어나갔을지도 모른다는 생각 때문에 동네 사람들의 눈을 피해 새벽같이 등교하곤 했다. 어린 형제에게 동네 사람들의 보이지 않는 '눈'은 항상 어디선가 그들을 무섭게 지켜보는 매의 '눈'이었다.

누군가 자신을 평가한다고 생각하기 시작하면 다른 사람의 반응에 저절로 예민해진다. 사람은 본능적으로 부정적인 단서에 민감하다. 외부의 위협으로부터 자신을 지키려는 생존본능이 남아있기 때문이다. 상대방이 자신을 부정적으로 생각한다고 느끼는 순간 방어 모드가 작동하여 관계는 저절로 위축된다. 저쪽도 나름의 사정이 있어서 그렇게 말하고 행동한다는 것을 미처 생각할 겨를이 없다. 조심스러워서 먼저 다가가지 못하거나 자신을 대하는 태도에 다른 꿍꿍이가 있는 것은 아닌지 혼자서 마음고생 할 때도 있다. 이것은 칭찬받는 상황에서도 마찬가지다. 다음에도 이번처럼 좋은 평가를 얻기 위해 자신도 모르게 상대방의 반응을 살피게 된다. 상대방의 '평가'에 일희일비하기 시작하면 관계가 어려워진다. 매 순간 자신을 평가하는 것처럼 느껴지는 어려운 상대와 편안한 관계를 기대하기란 어쩌면 불가능한 일인지도 모른다.

사람들은 이때 손쉽게 자신감 카드를 꺼낸다. 자신감이 있으면 눈치 보지 않아도 될 거라고 확신하며 생각은 자연스럽게 '자신감을 키우는 방법'으로 흐른다. 하지만 평가받는 시선에 익숙한 사람들은 안타깝게도 자신의 약점에서 생각이 멈춰 버린다. '어쩌다 내가 자신감을 잃게 되었을까?', '이것만 조금 고치면 나도 남들 못지않지!' 다른 사람에게 약점을 들켜서 손가락질당하지 않으려면 자신의 약한 부분을 누구보다도 먼저 알아차려야 한다는 조바심이 생기고, 자신의 약점에만 몰두하는 아이러니를 겪게 된다.

장점 100가지를 나열해 보는 것도 결국엔 같은 이치다. 몇 가지 조건을 더 가졌다고 어디서나 당당해지는 것은 아니다. 장점 100가지로 자신감을 얻은 사람은 단 하나의 단점으로도 마음이 흔들리게 마련이다. 자신감은 현재의 능력이나 조건을 통해서만 '증명'되기 때문에 남들보다 월등히 좋은 조건을 가지고 있어야 안심이 된다. 그리고 이것을 증명하는 수단으로 타인의 시선을 택하는 것이다. 여기서 부정적인 평가를 받는다면 그 원인은 부족한 자신에게 있다는 착각으로 이어진다. 상대방은 그런 의도가 없었더라도 사소한 말 한마디에도 신경이 쓰이기 시작한다. 다른 사람의 평가에 집착할 때, 상대방의 역할은 나를 평가하는 것에 지나지 않는다. 진정한 관계로 이어지기에는 시작부터 뭔가 잘못돼도 단단히 잘못되었다.

지금 당장 누군가를 붙들고 물어보라. 어째서 당신을 좋아하느냐고 말이다. 여러 가지 반응이 있을 것이다. '당신은 예쁘고, 능력 있고, 무엇보다 나를 끔찍이도 위해주지요.' 아무리 길게 보아도 10년 후쯤이면 사라져버릴, 지금에나 그럴듯하게 들리는 이유를 꽤 한참 동안 나열할지도 모른다. 그러나 상대의 장점이나 관계의 이유를 술술 나열하는 것이 진심의 밀도와는 무관하다는 것쯤은 누구나 안다. 카사노바가 아무리 달콤한 말로 꾀어도 그 관계는 늘 공허한 것과 마찬가지다. 진심은 오히려 그 반대의 상황에서 드러난다. 요리도 못하고 까탈스럽고, 가끔 엉뚱한 말을 할 때도 있지만 '그럼에도 불구하고' 사랑할 수 있을 때 '사랑해'라는 말은 진심이 된다.

이런 의미에서 '자신감'이 조건부라면, '자존감'은 무조건이다. '이렇게 생각하고 행동해도 되는구나.', '괜찮구나.'를 직접 경험할 때마다 조금씩 마음이 편해진다. 마음이 누그러지면서 '저쪽도 나처럼 나름의 사정이 있겠구나.' 하고 상대를 돌아보는 여유도 생긴다. 그러면 '절대 남들에게 휘둘리지 않겠다'라고 다짐하며 억지로 상대방을 밀어내지 않아도 자신을 지킬 수 있다. 괜히 센 척하느라 눈치 볼 필요도 없다. 혼자서만 동떨어진 생각을 할 거라고 불안해하지 않아도 된다.

혹자는 눈치 보지 않으려면 다른 사람을 신경 쓰지 말아야 한다고 주장하기도 한다. 하지만 사실은 정반대다. 오히려 상대방을 자세히 들여다보면 보이지 않던 것이 보인다. 상대방의 눈에 비친 자신의 모습에만 집중하느라 미처 보지 못했던 '그 사람'을 보게 된다. 그러면 상대방이 갑자기 안쓰러워지거나 미안하고 고맙게 느껴지기도 하고 진심으로 상대방을 위하는 마음이 생기기도 한다. 그 순간부터 다른 사람은 더 이상 나를 저울질하는 두려운 존재도 아니고, 눈치를 봐야 할 대상도 아니다. 타인은 나를 평가하는 존재라는 착각으로부터 자유로워질 때 자신을 드러내고 관계를 시작할 수 있는 용기가 생긴다.

| 차라리 혼자가 편한 사람들 |

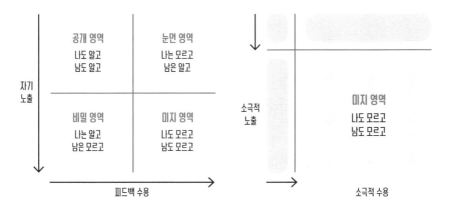

미지 영역이 넓은 고립형 의사소통

마지막 의사소통의 유형은 '자기 노출'과 '피드백'에 모두 소극적인 '고립형 의사소통'이다. 사분면에서는 자신도 모르고 타인도 모르는 '미지의 영역unknown area'이 가장 넓다. 자신을 잘 드러내지 않는 데다가 다른 사람과의 상호작용에 익숙하지 않아서 새로운 관계보다는 기존의 역할을 고수하려는 경향이 있다. '조하리의 창'에서 '미지 영역'은 '무의식의 영역'으로도 알려져 있는데, 여기서는 의사소통의 방식에 중점을 두어 이야기 나누려고 한다.

내 안에 아무도 모르는 나의 모습이 있지만 한 가지 역할만을 고수하면 새로운 모습을 발견할 기회를 놓치게 된다. 어느 유명한 배우는 서른이 넘도록 백수로 지내다가 우연한 기회에 오디션을 보게 되었고, 지금은 유명인을 넘어 레전드가 되었다. 그런 그도 십수 년을 가족들 사이에서 천덕꾸러기로 지냈다는 것을 보면 우리에게는 주변 사람들은 물론 자기 자신조차 쉽게 알아채지 못하는 '미지의 영역'이 있는 것이 분명하다.

'미지의 영역'을 줄이려면 적절한 자극 조건이 필요한데, 이때 타인과의 관계가 우리에게 새로운 것들을 경험할 기회를 준다. 자신을 지키는 동시에 다른 사람과도 건강하게 연결되려면 관계에 대해 열린 태도를 갖는 것이 중요하다. 익숙한 모습에 머물러 있기보다는 관계 속에서 직접 표현하고 경험하며 상대의 피드백을 통해 자신을 적극적으로 돌아볼 기회를 늘려가는 것이 중요하다.

J는 유독 단둘이, 혹은 서넛이 모인 자리가 어렵다. 회의에서 의견을 제시하고 입장을 조율할 때와는 달리 사적인 자리에서는 마땅히 할 말을 찾지 못해 허둥대기 일쑤였다. 화상 영어 수업을 듣는다는 핑계로 혼자 점심을 먹기 시작한 후부터 점심시간을 버티기가 조금 수월해지기는 했지만, 사람들과 친밀한 관계 맺기에 서툰 것이 그녀에게는 콤플렉스다. 누군가에게 개인적인 생각을 털어놓고, 가끔은 동의할 수 없는 의견에도 성의껏 대꾸해야만 하는 일들이 그녀에게는 그리 만만치가 않다.

동료들과 사적인 이야기를 나눌 때는 업무 외의 시간까지 감정을 소모해야 하는 것에 대한 회의감이 들기도 한다. 게다가 그녀는 늘 주변 사람들에게 쾌활한 이미지로 통하다 보니 가끔 자신이 가식적인 사람처럼 느껴져 불편한 마음이 들기도 했다. 항상 사람들 사이에 둘러싸여 있으면서도 그녀가 관계에 서투른 이유는 무엇이었을까?

| 자발적 아웃사이더의 관계 |

  요즘 불필요한 인간관계에 대한 피로감을 호소하면서 소위 '자발적 아웃사이더'를 자처하는 사람들이 늘고 있다. 2020년 4월 취업포털 잡코리아에서 2, 30대 성인남녀 5,060명을 조사한 결과 응답자 중 61.8%가 '자발적 아웃사이더'를 경험한 것으로 나타났다. 특히 직장인들을 대상으로 한 설문에서는 무려 23%p 증가한 수치를 보였다. 게다가 응답자의 89.2%가 앞으로 '자발적 아웃사이더'가 더 늘어날 수도 있을 것이라고 답했다. 무리에서 떨어지는 것을 두려워하는 포모족FOMO, fear of missing out과는 반대로 혼자 있는 시간을 즐기는 조모족JOMO, joy of missing out이 늘고 있으며 심지어 한편에서는 '자발적 아웃사이더'를 부러운 시선으로 바라보기도 한다. 이렇게 인간관계에서 피로감을 호소하는 사람들의 관계 맺는 방식에는 한 가지 공통점이 있다.

  사회심리학자 마거릿 클라크Margaret Clark에 따르면 인간관계는 공유관계와 교환관계로 구분되는데, 공유관계communal relationships에서는 상호 의존적이며 정서적으로도 긴밀하게 연결된 반면 교환관계exchange relationships는 거래의 공정성을 전제로 관계가 시작된다Clark, 1985. 이러한 관계는 형평성의 원칙이 깨지면 관계도 함께 무너진다. 우리가 사회생활을 하면서 만나는 대부분의 관계는 교환관계에서 시작되는데, 이것을 공유관계로 확장하지 못할 때 사람들은 관계의 어려움을 겪는다. 일터에서뿐만 아니라 가깝게는 이웃과의 관계도 별반 다르지 않다. 모든 것은 필요에 따라 선택한다는 각박한 원칙에 우리가 너무 익숙해진 탓이다.

상대방의 좋은 의도까지도 언젠가 갚아야 할 빚으로 생각하면 모든 관계가 부담스러울 수밖에 없다. 게다가 형평성을 지키지 못하면 좋은 관계가 틀어질까 봐 항상 전전긍긍하며 상대를 대하게 된다. 우리에게 자꾸만 이런 생각이 드는 것은 사사건건 이해타산을 따지기 때문이라기보다는 단지 친밀한 관계 맺기에 서툴기 때문인지도 모른다. 과거 무리 사회에서 인간의 본능이 공유 관계에 기초했다면 현대사회에서 삶의 방식은 교환 관계에 따라 움직인다. 그래서 공유관계로 인식되어야 마땅한 친밀한 관계에서조차 거래의 원리를 적용하게 되는 것이다. 그러나 서로가 진심으로 무언가를 나누기 원하는 관계에서는 그 흔한 '기브 앤 테이크give and take'의 원칙보다 고마운 마음이 훨씬 더 잘 작동한다. 이러한 관계에 익숙해지려면 받은 만큼 돌려주어야 한다는 형평성의 원칙에 얽매이기보다는 진심으로 상대방을 대할 수 있어야 한다.

그러나 항상 공유의 원칙으로만 친밀한 관계가 만들어지는 것은 아니다. 오히려 상대방에게 지나치게 의존하여 자신의 불행을 배우자의 탓으로 돌리거나, 반대로 상대방을 더 행복하게 해 주지 못한 것에 대해 일방적인 책임감을 느끼는 경우도 있다. 어느 쪽이든 이렇게 불균형한 관계에서는 서로가 불행하다. 어느 한쪽에 치우치기보다는 감사의 마음으로 관계의 균형을 맞추어 가는 연습이 필요하다. 더구나 자신이 행복할 책임은 상대방에게 있는 것이 아니다. 그래서 '당신 때문에'라는 말은 애초에 어불성설이다. 마찬가지로 내가 상대방의 만족을 책임져야 하는 것도 아니다. 그렇게 생각하면 관계는 부담감 때문에 점점 무거워진다. 관계를 시작하려면 상대방에 대한 과도한 기대나 무거운 책임을 내려놓고 우선 관계를 가볍게 만들기 위한 노력부터 시작하는 것이 좋다.

신체적 번아웃을 경험할 때 무작정 쉬기보다는 적당한 활동을 통해 활력을 되찾을 수 있는 것처럼 관계의 번아웃도 마찬가지다. 서툴고 번거로워서 관계 맺기를 완전히 포기하기보다는 타고난 본성인 나눔의 관계를 회복하기 위한 의식적인 노력이 필요하다. 물론 관계가 깊어질수록 서로에 대한 기대가 함께 높아져서 상처를 주고받기도 쉬워진다. 하지만 그 상처가 아물면서 관계가 더 단단해질 것이라는 사실을 믿는 것이 중요하다. 용기 내어 상황에 직면하는 것이 마침내는 타인과 나를 따뜻한 관계로 이어주는 매듭이 된다.

| 관계, 무심하거나 두렵거나 |

'기쁨은 나누면 배가되고, 슬픔은 나누면 반이 된다.'는 말이 있다. 이것을 머리로는 충분히 이해하지만, 도무지 실천하기 어려울 때가 많다. 겉으로는 아주 활발해 보이는 사람도 자신의 감정을 표현하거나 타

인의 이야기를 수용하는 것에는 어려움을 겪기도 한다. 알고 지내는 사람은 많지만 정작 시시콜콜한 하소연을 털어놓을 친구가 없어서 '풍요 속의 빈곤'을 겪기도 하고, 겉으로만 행복해 보이는 쇼윈도 부부로 지내다가 돌연 이혼을 선언하는 경우도 적지 않다.

　이러한 관계 문제는 다양한 관점으로 해석할 수 있는데 여기서는 그 중에 한 가지 접근 방식인 '애착이론attachment theory'에 대하여 간단히 이야기 나누려고 한다. 혼자서는 생존능력이 없는 아이는 주 양육자의 정서적 돌봄에 따라 다양한 생존 전략을 갖게 되고 이러한 전략을 성인이 되어서 다른 사람과 관계를 맺을 때도 그대로 적용시킨다Bowlby, 1977.

구분		특징
안정형	안정형	안정 / 안정적인 인간관계
불안정형	불안-몰입형	집착 / 상대에게 집착하기
	거부-회피형	거부 / 상대방과 거리 두기
	두려움-회피형	불신 / 상대방을 믿지 못함

　다음 장에는 자신의 애착 유형을 확인할 수 있는 질문지를 삽입하였다. 경험을 토대로 문항에 답하고 결과에 따라 해석하면 된다.

성인애착유형 질문지 (ECR) experiences in close relationships, Brennan et al.(1998)	전혀 아니다	아니다	보통 이다	대체로 그렇다	매우 그렇다
1	내가 얼마나 호감을 가지고 있는지 상대방에게 보이고 싶지 않다	1	2	3	4	5
2	나는 버림을 받을 것에 대해 걱정하는 편이다	1	2	3	4	5
3	나는 다른 사람과 가까워지는 것이 매우 편안하다	5	4	3	2	1
4	나는 다른 사람과의 관계에 대해 많이 걱정하는 편이다	1	2	3	4	5
5	상대방이 막 나와 친해지려고 할 때 꺼리는 나를 발견한다	1	2	3	4	5
6	내가 다른 사람에게 관심을 가지는 만큼 그들이 나에게 관심이 없을까 봐 걱정이다	1	2	3	4	5
7	나는 다른 사람이 나와 매우 가까우려 할 때 불편하다	1	2	3	4	5
8	나는 나와 친한 사람을 잃을까 봐 꽤 걱정된다	1	2	3	4	5
9	나는 다른 사람에게 마음을 여는 것이 편안하지 못하다	1	2	3	4	5
10	나는 종종 내가 상대방에게 호의를 보이는 만큼 상대방도 그렇게 해주기를 바란다	1	2	3	4	5
11	나는 상대방과 가까워지기 원하지만 나는 생각을 바꾸어 그만둔다	1	2	3	4	5
12	나는 상대방과 하나가 되길 원하기 때문에 사람들이 때때로 나에게서 멀어진다	1	2	3	4	5
13	나는 다른 사람이 나와 너무 가까워졌을 때 예민해진다	1	2	3	4	5
14	나는 혼자 남겨질까 봐 걱정한다	1	2	3	4	5
15	나는 다른 사람에게 내 생각과 감정을 이야기하는 것이 편안하다	5	4	3	2	1
16	지나치게 친밀해지고자 하기 때문에 때로는 사람들이 나와 거리를 두려고 한다	1	2	3	4	5
17	나는 상대방과 너무 가까워지는 것을 피한다	1	2	3	4	5
18	나는 상대방으로부터 사랑받고 있다는 것을 자주 확인하고 싶어 한다	1	2	3	4	5
19	나는 다른 사람과 가까워지는 것이 비교적 쉽다	5	4	3	2	1
20	가끔 나는 다른 사람에게 더 많은 애정과 더 많은 헌신을 보여줄 것을 강요한다	1	2	3	4	5
21	나는 다른 사람에게 의지하기가 어렵다	1	2	3	4	5
22	나는 버림받는 것에 대해 걱정하지 않는다	5	4	3	2	1
23	나는 다른 사람과 너무 가까워지는 것을 좋아하지 않는다	1	2	3	4	5
24	만약 상대방이 나에게 관심을 보이지 않는다면 나는 화가 난다	1	2	3	4	5
25	나는 상대방에게 모든 것을 이야기한다	5	4	3	2	1
26	상대방은 내가 원하는 만큼 가까워지고 싶지 않다는 것을 안다	1	2	3	4	5
27	나는 대개 다른 사람에게 나의 문제와 고민을 상의한다	5	4	3	2	1
28	나는 다른 사람과 교류가 없을 때 불안을 느낀다	1	2	3	4	5
29	다른 사람에게 의지하는 것이 편안하다	5	4	3	2	1
30	상대방이 내가 원하는 만큼 가까이에 있지 않을 때 실망하게 된다	1	2	3	4	5
31	나는 상대방에게 위로, 조언, 또는 도움을 청하지 못한다	5	4	3	2	1

32	내가 필요로 할 때 상대방이 거절하면 실망해 버린다	1	2	3	4	5
33	내가 필요로 할 때 상대방에게 의지하면 도움이 된다	5	4	3	2	1
34	상대방이 나에게 불만을 나타낼 때 나 자신이 정말 형편없게 느껴진다	1	2	3	4	5
35	나는 위로와 확신을 비롯한 많은 일을 상대방에게 의지한다	5	4	3	2	1
36	상대방이 나를 떠나서 많은 시간을 보냈을 때 나는 불쾌하다	1	2	3	4	5

● 거부-회피형　　홀수 점수가 42점 이상
● 불안-몰입형　　짝수 점수가 47점 이상
● 두려움-회피형　두 점수 모두 기준점수 이상
● 안정형 애착　　두 점수 모두 기준점수 이하

출처 : ECR experiences in close relationships, Brennan et al.(1998)

　　주변을 돌아보면 사람들과 신뢰를 바탕으로 안정적인 관계를 유지하는 사람이 있는가 하면 쉽게 가까워지기는 하지만 제대로 관계를 유지하지 못하거나 혹은 시작조차 어려워하는 사람들도 있다. 이와 같이 타인과 관계를 맺는 형태에 따라 애착 유형은 크게 '안정형'과 '불안정형'으로 나뉜다. '불안정형'은 '불안'과 '회피'를 느끼는 정도에 따라 다시 구분된다.

　　불안-몰입형anxious preoccupied은 상대방이 자신을 떠날지도 모른다는 불안감 때문에 상대에게 집착하는 경향이 있다. 애착이 제대로 형성된 아이는 엄마가 잠시 자리를 비우더라도 다시 돌아올 것이라는 확신이 있기 때문에 혼자서도 잘 논다. 반면, 엄마가 돌아오지 않을까 봐 불안한 아이는 혼자 있는 시간을 제대로 견디지 못한다. 성인이 되어서

도 쉽게 외로움을 느끼며 상대가 떠나지 못하도록 붙잡아두기 위해 남에게 잘 보이려고 애쓰는 어른이 된다. 주변의 반응에 민감하여 상대가 좋아하는 것과 싫어하는 것을 잘 살피고 분위기 전환을 쉽게 알아채지만 다른 사람의 행동을 예민하게 해석하는 만성적인 과민반응으로 이어지기도 쉽다. 누군가와 가까워지고 싶은 마음이 클수록 상대방은 그렇지 않을 것이라고 단정 짓고 집착하는 것이 '불안-몰입' 애착 유형의 가장 큰 특징 중 하나다.

사회심리학자 빌 스완Bill swann의 '자기검증 이론self varification'에 따르면 사람들은 자신에 대한 신념이 검증될 때 심리적으로 안정감을 느낀다. 스스로 '좋은 사람'이라고 느끼면 다른 사람들도 자신을 '좋은 사람'으로 대할 때 마음이 편하다. 상대방이 있는 그대로 자신을 이해하고 받아들인다고 느끼기 때문이다. 그런데 이것은 자신을 부정적으로 생각하는 경우에도 마찬가지로 적용된다. 스스로 부족하다고 생각하는 사람에게는 어떤 칭찬이나 위로도 곧이곧대로 들리지 않는다. 어린 시절 불안정한 애착 관계가 형성된 경우 자신은 사랑받을 가치가 없다고 생각하게 되는데, 이들은 상대가 자신에게 무심할 때마다 마치 자신의 착각이 증명된 것처럼 느껴지는 것이다.

'거봐, 내 이럴 줄 알았지, 이렇게 예민한 나를 좋아할 리가 있겠어?'
'아무렴, 역시 그렇지. 나는 비난받아 마땅해.'

사람들 간의 관계 변화에 민감하고 반응성이 높은 이들에게 관계를 시작하는 것은 비교적 쉬운 일이지만 건강한 관계를 오랫동안 유지하기는 만만치가 않다. 오히려 자신을 불안하게 만드는 칭찬보다는 비난받는 상황에서 안정감을 느끼면서 불합리한 관계를 이어가는 경우도 있다. 사회적으로 인정받는 커리어우먼이 항상 남편의 화풀이 대상이 되면서도 '내 남편은 나를 끔찍이 사랑합니다.'라고 말하며 불행한 결혼 생활을 유지하는 것도 비슷한 경우다. 어쩌다 한 번의 호의에도 민감하게 반응할 만큼 섬세한 '불안-몰입형'의 사람들은 상대방의 사소한 행동에도 쉽게 감동한다. 그리고 그들은 불행하게도 이 예측할 수 없는 사소한 감동에 중독되고 만다. 알려진 것처럼 중독은 제어와 예측이 불가능할 때 가장 강력하게 나타난다.

불안정한 애착 유형 중에는 반대로 오히려 상대방에게 무심한 듯 보이는 경우도 있는데, '회피형' 애착이 이에 해당한다. 이러한 성향을 가진 사람들은 누군가에게 의지하는 것도 내키지 않고, 다른 사람이 자신에게 기대는 것도 부담스럽다. 이들은 안타깝게도 누군가를 처음 만날 때부터 헤어짐을 각오한다. 나중에 자신이 상처받거나 실망할 것이 두려워서 처음부터 상대방과 거리를 두는 것이다. '회피형'은 관계에서 불안을 느끼는 정도에 따라 다시 둘로 나뉘는데, 타인으로부터 간섭을 피하며 독립성을 추구하는 '거부형'과 타인에게 버림받을 것을 두려워하는 '두려움형'으로 구분된다.

거부-회피형dismissive attachment 애착 유형에게는 무엇보다 관계의 균형이 중요하다. 자신이 세운 기준 이상으로 관계가 깊어지는 것을 원하지 않기 때문에 누군가 먼저 이야기를 건네오는 것이 늘 반갑지만은 않다. 이들은 위험을 감수하고 자신을 드러내기보다는 애초에 타인과 깊이 교류하지 않는 독립적인 삶에 익숙하다. 그래서 삶에서 항상 공허함을 느끼면서도 깊은 관계를 맺으려는 노력에는 소극적일 수밖에 없다.

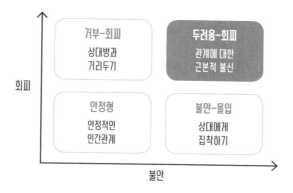

두려움-회피형fearful avoidant은 '불안형'과 '회피형'의 특성을 모두 가지고 있다. 이들은 다른 사람들과 가까워지려고 노력하지만 정작 누군가에게 마음을 터놓는 것에는 서툴러서 깊은 관계로 연결되지 못한다. 자신이 사랑받을 자격이 없다고 생각하기 때문에 친밀감을 표현하며 다가오는 상대방을 믿지 못한다. 상대방과 가까워지고 싶지만 동시에 상처받을까 봐 두려워서 이제 막 친밀해지려는 순간에 갑자기 안전한 관계로 도망쳐 버리기도 한다.

서로의 이야기를 주고받는 것은 관계를 발전시키는 데 아주 중요한 역할을 한다. 그럼에도 불구하고 자신의 이야기를 꺼내놓거나 다른 사람의 이야기를 수용하는 데 특별히 어려움을 겪는 사람들이 있다. 만성적으로 외로움을 타는 사람은 상대방이 자신에게 비밀스러운 이야기를 털어놓는 것을 우연이나 실수로 생각하기 때문에young, 1982 상대방의 말을 그대로 수용하고 솔직하게 반응하기가 어렵다. 따라서 관계를 발전시키는 데에도 마찬가지 어려움을 겪는다.

　사람들은 관계가 깊어지면 서로 감정을 나누는 과정에서 자연스럽게 서로에게 개입하게 된다. 그러나 '회피형' 관계 맺기에 익숙한 사람들은 누군가 다가오는 것이 귀찮거나 혹은 두려워서 좀처럼 다른 사람과 가까워지지 못한다. 타인과 관계를 맺으려는 욕구는 인간의 본성임에도 불구하고 관계를 맺고 싶은 마음을 스스로 억압하는 셈이다. 겉보기에는 상대방에게 무심한 듯 보이지만, 속마음은 상처받지 않으려고 완전히 무장하고 있다. 더 안타까운 것은 이들은 가족이나 연인처럼 친밀한 관계에서조차 습관적으로 거리를 둔다는 점이다. 관계를 위한 노력에 제대로 반응하지 않는 '회피형 애착' 성향의 사람들은 주변 사람들을 쉽게 지치게 만든다. 그래서 이들은 가장 소중한 사람들에 둘러싸여 있을 때조차 외롭고 공허하다.

　서툰 관계 맺기로 상처 입은 사람들은 다시 누군가와 관계로 이어지는 것이 두렵다. 거절당하고 싶지 않아서 처음부터 누군가와 거리를 두거나, 반대로 상대방이 자신을 떠날까 봐 지나치게 집착하기도 한다. 이렇게 일부러 멀어지거나 억지로 붙잡아 두려면 관계에 힘이 들어간다. 조금씩 힘을 빼면 서로를 있는 그대로 받아들이고 자신을 드러낼 용기가 생기기 시작한다. 자신이 얼마나 좋은 사람인가를 분명히 알때, 우리는 누군가와 관계를 시작하는 용기를 갖게 된다.

| 나를 나답게 만드는 것 |

모 여대 무용과를 졸업한 Y는 학창 시절 화려한 겉모습만큼 자주 남자친구가 바뀌는 것으로도 유명했다. 그녀는 사람들과 어울리는 것을 그다지 좋아하지 않았지만 혼자 있는 시간을 견디는 것은 더 힘들었다. 누군가 그녀의 존재감을 확인시켜주지 않으면 마치 자신이 아무것도 아닌 것처럼 느껴져서 괴로웠다. 하지만 그녀는 누구든 너무 다가오면 답답하고 조금이라도 멀어지면 불안해서 제대로 관계를 이어갈 수가 없었다. 그녀의 마지막 남자친구는 '너에게는 연인이 아니라 돌봐 줄 사람이 필요한 것 같다'라는 쓴소리를 남기고 그녀를 떠났다. 이 순간이 두려워 항상 먼저 헤어지자고 말했는데 마지막 이별에서는 머뭇거리다 그녀가 한발 늦었다.

얼마 지나지 않아 그녀에게 새로운 인연이 찾아왔다. 그의 말투는 항상 따뜻했고 그와 함께하는 동안은 늘 편안했다. 그녀는 지금까지 자신이 예민해서 사람들을 불편하게 만든다고 생각했는데 그는 그녀가 섬세하고 배려심이 많다고 말했다. 처음에는 이런 그가 떠나버릴까 두려웠고, 그럴 리 없다는 확신이 들자 그가 갑자기 사고라도 당하는 것이 아닐까 불안해지기 시작했다. 늘 이렇게 마음을 졸이니 차라리 헤어지는 편이 낫겠다고 생각해서 이별을 통보했을 때, 그는 그녀의 어깨를 토닥이며 '괜찮아'라고 대답했다. 순간 그녀의 머릿속에는 자신이 상처받지 않으려고 먼저 상처 주었던 과거의 경험들이 주마등처럼 스쳐 지나갔다.

사례에 앞서 언급한 존 볼비의 '애착 이론'이나 프로이트의 '초기 아동기 결정론'에 따르면 아동기 애착 형성에 실패한 사람은 평생을 '관계 불안'에 시달려야 한다. 그러나 다행스럽게도 현실은 이론과는 사뭇 다르다. 그녀의 남자친구는 유복한 가정에서 남부러울 것 없이 자란 그녀와는 달리 홀어머니와 어려운 어린 시절을 보냈다. 그럼에도 불구하고 그는 주변 사람들과 안정적인 관계를 맺는 데 전혀 어려움을 겪지 않았다. 아들러의 '목적론'은 이와 같은 프로이트 '원인론'의 한계를 잘 설명해 준다. 아들러의 이론에 따르면 인간의 삶은 주어진 환경으로만 결정되지 않는다. 사람은 매 순간 목적에 따라 자신의 행동을 선택하면서 성숙해간다. 여기에 최근의 뇌과학 연구까지 더해지면 우리의 사고방식과 행동 패턴은 언제든지 변할 수 있다는 결론에 이르게 된다. 이것이 '뇌 신경 가소성neuroplasticity'의 원리다.

마찬가지로 '불안정 애착 유형'이 이미 자리 잡은 이후에도 애착 유형은 충분히 바뀔 수 있다. 깊이 신뢰할만한 사람과의 새로운 관계 경험을 통해 인간의 애착 시스템은 서서히 기존의 것을 허물고 새롭게 구성되기 시작한다. 실제 연구에서도 '불안정 애착 유형'을 보이는 성인의 30% 정도가 연인이나 친구로부터 관계 맺는 방식을 의식적으로 모방함으로써 기존의 애착 유형을 변화시키는 것으로 나타났다. 친밀한 관계에서 얻은 정서적 안정감은 정서 지능을 향상시킬 뿐 아니라 관계를 맺는 실질적인 능력에도 영향을 미친다. 뇌 신경 가소성에 영향을 미치는 가장 강력한 자극은 타인과의 관계로부터 온다. 부모의 안정감은 자녀에게 고스란히 전달되어 자녀를 '안정 애착'을 가진 아이로 키워내고 연인과 친구의 깊은 공감이 우리를 더 따뜻한 사람으로 만들어준다. 가까운 사람들과 안정적인 관계를 경험한 후에야 우리는 비로소 다른 사람들과도 안정적인 유대감을 공유할 수 있다.

나는 지금 소중한 사람들과 어떤 관계를 맺고 있는가.

나와 늘 함께인 그는 나로 인하여 어떤 모습으로 성장하고 있는가.

나를 진정으로 나답게 만드는 것은 지금 나와 함께 하는 바로 그 사람이다.

그에게도 그렇다.

| 안전하게 마음 열기 |

마음을 여는 일에는 여러모로 신경 쓸 것이 많다. 마음을 열면 누군가 내 마음속에 들어와 이리저리 나를 흔들어 놓기도 하고 관계 속에서 풍요로워지기는커녕 인생이 더 복잡해지기도 한다. 이렇게 관계 피로가 쌓이다 보면 적당한 거리의 온라인 인맥이 더 편하게 느껴지기도 한다. 오래전 유행했던 싸이월드 '일촌'이라는 표현과 비교하면 지금 페이스북 '친구'라는 말은 훨씬 그럴듯하게 들린다. 현실 세계universe를 확장한다는 메타버스metaverse는 또 어떤가? 이제 현실과 가상의 경계가 모호해지는 것을 넘어 대체를 걱정하는 지경에 이르렀다.

실제로 익명으로 고민을 나누는 온라인 커뮤니티에서는 가까운 친구에게도 하지 못하는 비밀 이야기를 스스럼없이 털어놓는 경우가 많다. 하지만 댓글을 주고받거나 채팅창에서 몇 마디 대화를 나누는 것만으로 진정한 관계를 경험하는 데에는 분명한 한계가 있다. 비밀스러운 이야기를 공유하는 것이 친밀한 관계의 기준도 아닐뿐더러 한쪽에서 접속을 끊으면 바로 종료되는 관계에서 지속적인 안정감을 기대하기는 말처럼 쉬운 일이 아니다.

P는 수능 영어 일타강사다. 입시 성과도 좋은 데다가 인간적인 매력이 넘친다는 평판이 자자하다. 그러나 정작 본인은 사람들과의 개인적인 만남이 불편하기 그지없다. 주변에 좋은 사람들이 많지만 깊이 교제하지는 않으니 이른바 '풍요 속의 빈

곤'이다. 빠듯한 일정 때문에 사람을 만날 시간이 없다고 핑계를 대지만 사실 어색한 상황이 불편해서 사적인 자리는 일부러 피할 때가 많다. 적당한 거리에서 관계가 잘 유지되고 있는데 사람들과 필요 이상으로 친해지는 것이 번거롭게 느껴지기도 하고, 한편으로는 사람들에게 자신의 이야기를 모두 털어놓으면 지금까지 쌓아온 이미지에 오히려 해가 될 수도 있다는 생각이 들기도 한다.

온라인 전투 게임 동호회에서 운영하는 단체 카톡 방에서 서로 이런저런 이야기를 주고받는 것이 그의 유일한 사적 만남이다. 여기서는 아무도 자신의 개인사를 묻지 않고 그 역시 다른 사람들의 신상이 크게 궁금하지 않다. 가끔 전투에 성실히 임할 것을 강요하며 분위기를 어색하게 만드는 사람도 있는데, 그런 사람은 무시하면 그만이다. 게임에서 탈퇴하면 카톡 방에서도 나가는 것이 원칙이어서 어느샌가 활발히 활동하던 몇몇 대원이 사라졌지만 아무도 신경 쓰지 않는 눈치다.

누구든 사적인 이야기가 오가는 만남이 부담스러울 때가 있다. 그렇다고 해서 항상 일회용 관계에 의존하는 것은 관계의 갈증을 더할 뿐이다. 울적한 마음에 무심코 전화번호부를 거의 끝까지 내려가 보았는데 어떤 번호도 선뜻 눌러지지 않을 때 한순간에 공허함이 몰려온다. '관계'가 필요한 순간이다. 그렇다면 부담감을 줄이면서 안전하게 관계를 시작하는 방법에는 어떤 것들이 있을까?

P는 우연히 지역 학습센터에서 교육 봉사자로 활동하게 되었다. 쿨한 척하는 것도 마케팅이 되는 직장과는 달리 그곳에서는 훨씬 편하게 말하고 행동할 수 있었다.

무엇보다 인간관계를 관리해야 한다는 강박관념에서 벗어나고 보니 다른 사람을 대하는 마음이 한결 가벼워졌다. 그곳에서 그는 미처 알지 못했던 자신의 소탈한 모습을 발견하기도 했다. 일부러 노력하지 않았는데도 사람들은 늘 그를 반겼고 그들과 함께하는 공간이 점점 편하게 느껴졌다.

일주일에 두 번씩 정기적으로 사람들을 만나는 것도 안정적인 관계를 맺는 데크게 도움이 되었다. 누군가 사정이 생겨 일을 그만두게 되면 다들 아쉬워하며 함께 소소한 송별회를 준비하기도 했다. 직장에서와 마찬가지로 상대방을 배려하고 가끔은 더 세심하게 살피기도 했지만, 센터에서 이들과 함께하는 시간은 늘 편안했다. 그는 아직 상대방에게 감정을 표현하는 것에는 서툴지만 친밀한 관계가 주는 안정감을 경험한 뒤로 그의 삶은 이전보다 훨씬 풍요로워졌다.

사회학자 베리 웰먼Barry Wellman은 '네트워크화된 개인주의Networked Individualism'를 언급하면서 능동적이지 않으면 사회로부터 고립되는 것은 시간문제라고 말한다. 관계에 수동적일 수밖에 없었던 원인을 찾고 그것을 극복하기 위해 스스로 계획을 세워 실천해가는 것이 어느 때보다 중요하다. 봉사 활동은 사적인 영역을 개방해야 한다는 부담감을 최소화하면서 관계를 시작할 수 있는 좋은 방법들 중 하나다. 선한 의도로 모인 사람들 사이의 끈끈한 연대가 안정감을 주는 동시에 상대방에게 거절당할 위험부담을 줄여준다. 봉사활동에 참여하는 것 외에도 목적성이 뚜렷한 동호회나 학습모임에서도 비슷한 효과를 기대할 수 있다. 관심사를 공유하는 것만으로도 일종의 유대감을 느낄 수 있으며,

사생활을 지나치게 드러내지 않더라도 주제에 대한 생각을 나누는 것만으로 지속적인 관계를 유지할 수 있다.

그렇다고 이러한 활동들을 단순히 관계의 도구로써 권하는 것은 아니다. 안전한 관계에서 경험한 친밀한 감정은 일상에서 가까운 사람을 대하거나 새로운 관계를 맺을 때, 상대방에게 다가갈 수 있는 용기를 준다. 이 경험을 일상으로 확장하는 것이 중요하다. 그렇지 않으면 안전한 관계에 몰두한 나머지 일상과는 완전히 분리된 이중적인 삶을 살게 된다. 무조건 수용적인 사이비 종교집단에 심취하거나, 봉사활동을 위해 생계를 포기하고 상대방에게 인정과 관심을 요구하는 기형적인 관계로 변질되기도 한다. 제대로 된 관계를 맺으려면 자신을 드러내기 조심스럽고 거절이 염려되어도 우선은 상황을 마주하는 용기를 내는 것이 중요하다. 안전한 환경에서 조금씩 자신을 개방하는 연습을 통해 다른 사람과의 건강한 관계로 확장되는 경험을 이끌어 낼 수 있을 것이다.

| 메타버스, 관계의 재구성 |

팬데믹 여파로 물리적 거리 두기가 시행된 지 벌써 일 년째다. 그동안 비대면 문화가 비약적으로 성장했고 세상은 가상과 현실이 혼합된 공간인 '메타버스metaverse'로 확장되고 있다. 기존의 인터넷이나 SNS 환경과 비교하면 말 그대로 차원이 다른 '메타버스'는 이미 Z세대의 새로운 일상으로 자리 잡혀가고 있다. 〈메타버스〉의 저자 김상균 교수는 기존 플랫폼과 차별화되는 메타버스의 특징을 스파이스SPICE 모델로 제시하고 있다. 메타버스에서는 모든 경험이 연결되며Seamlessness, 물리적 접촉 없이도 사회적·공간적 실재감을 느낄 수 있고Presence, 현실 세계와 메타버스의 경험은 연결되며Interoperability, 여러 명의 사용자가 동시에 활동하면서Concurrence 자유롭게 거래하는 경제 흐름이 존재한다 Economy.

간단한 설명만으로도 새로운 세상에 대한 기대감을 불러일으키기에 충분하다. 그러나 관계를 망설이는 사람들에게 가상공간에서 '안전하게 관계 맺기'를 권하기에는 다소 조심스러운 면이 있다. 눈을 마주치고 살을 맞대는 직접적인 만남이 관계를 맺는 유일한 방법이라고 주장하려는 것은 아니다. 다만 새로운 세상에서도 '실제 경험'은 기술이 구현해 낸 것들을 '현실처럼' 느끼는 데 없어서는 안 될 중요한 단서가 될 것이다. 현재의 기술은 상상력에 크게 의존해야 했던 초기의 VR과 비교하면 비약적으로 발전했다. 명칭도 이전에는 '가상'현실VR, Virtual Reality이던 것이 지금은 '확장'현실XR, eXpended Reality로 달라진 만큼 현실과 흡사한 경험을 제공하기에 기술적으로는 부족함이 없어 보인다. 하지만 우리가 '확장된 현실'에 깊고 빠르게 몰입할 수 있는 것은 과거의 경험이 있기 때문이다. 낭떠러지가 위험하다는 것을 알기 때문에 해상도가 떨어지는 가상현실에서도 주춤거리고, 다른 사람들의 눈에는 그래픽으로 재현한 것에 불과한 증강현실이 자식을 먼저 떠나보낸 부모의 눈에는 영락없는 외동딸의 재롱으로 보이는 것이다. 경험한 것이 다르면 보고 느끼는 것도 달라진다. 그래서 기술로 구현해 낸 새로운 세상이 진짜 같다고 감탄하기는 쉬워도 '확장된 현실' 이전에 제대로 경험한 적 없는 새로운 감정을 습득하는 것은 생각보다 어려운 일이 될지도 모른다. 관계 맺기는 서로가 상대방에게 얼마나 의미 있는 존재인지를 알아가는 과정이다. 이 과정을 실제로 경험한 뒤에야 그것을 기술로 구현한 '확장된 현실'에서 다른 누군가를 만나도 같은 것을 경험할 수 있게 된다.

관계는 일시적인 상호작용이 아니다. 어디선가 현실과 매우 비슷한 상호작용을 경험하더라도 이전에 관계를 통해 끈끈한 유대감과 안정감을 경험하지 못한다면 단순한 의사소통을 관계로 착각하거나 관계가 힘들어질 때마다 상황을 회피하는 것을 당연하게 여기게 될지도 모른다. 게다가 고개를 돌려 외면하거나 못 들은 체 하는 것과는 차원이 다른 단절을 경험할 때의 상실감은 또 어떤가? 관계를 구성하는 것에는 즐거움이나 행복과 같은 듣기 좋은 말도 있지만, 그 관계를 지켜내려면 헌신이나 배려와 같은 노력이 필요하다. 아무것도 감수하지 않고 원하는 감정만을 얻으려는 일시적인 상호작용은 언제든 다른 것으로 대체될 수 있다.

물론 '확장된 현실'이 편리한 관계 맺기를 부추기는 것만은 아니다. 오히려 관계의 부담을 내려놓고 자신을 솔직하게 드러내면서 진정한 관계를 경험하기도 하고, 최근에는 이러한 환경 변화에 따른 새로운 관계 맺기의 방식을 연구하는 사람들도 늘고 있다. 게다가 이런 고민에 발맞추어 과학기술은 '진짜 세상'이 확장되는 것을 꾸준히 돕고 있다. 다만, 변화가 우리 삶에 긍정적으로 적용되려면 직접 경험하여 체득한 관계의 원리를 기억하는 것이 무엇보다 중요하다. '느슨한 연대'로 더 많은 사람과 이어지더라도 여전히 밀도 높은 관계가 우리의 중심을 지탱할 때, 그리고 관계의 원리를 언제든 자신의 경험으로부터 기억해 낼 수 있을 때 현실 세계는 비로소 메타버스로 확장될 수 있다. 가까운 미래에 새로운 세상에서 누군가를 만나 의미 있는 관계로 이어질 수 있으려면 우선 현실에서 '진정한 관계'를 깊이 경험하는 것이 무엇보다 중요하다.

| 관계 호르몬의 비밀 |

진화 심리학에 따르면 인간은 살을 맞대고 눈을 마주치며 살도록 설계되었다. 이런 행동은 서로 간의 소통을 돕고 관계를 돈독하게 하는데 이때마다 우리 몸속에서는 친밀감을 주는 행위를 강화하는 신경전달물질인 '옥시토신'이 만들어진다. 이 신경전달물질은 2005년 신경학자 폴 자크Paul Zak가 그간의 연구 결과를 발표하면서 '신뢰 호르몬', '관계 호르몬'으로 널리 알려지게 되었고, 2009년에는 이것이 세로토닌이나 도파민과 같은 긍정적인 감정을 만드는 호르몬 분비에 영향을 준다는 것

이 밝혀지기도 했다. 유럽에서는 이러한 원리를 활용하여 '쑥스러움 방지제Anti-shyness spray'를 개발했는데 미국의 한 결혼정보 회사가 이것을 사용하여 매칭 확률을 획기적으로 높였다고 해서 한때 '사랑의 묘약'으로 유명세를 탔다. 이후 흥미로운 연구들이 속속 발표되었는데, 이것이 파티용 환각제 '엑스터시ecstasy'의 효능과도 비슷해 사람들의 경계심을 무너뜨린다는 연구 결과가 있으며, 스위스 경제학자 에른스트 페르 교수팀에 따르면 옥시토신을 동물에게 투여했을 때 경계심을 완화해 손쉽게 짝짓기를 유도할 수 있었고, 사람에게 뿌렸을 때는 금전거래에서 상대를 신뢰하는 비율이 현저히 높아졌다고 한다.

옥시토신은 감사나 감동과 같은 적극적인 감정 표현을 할 때 몸속에서 저절로 생성되는데 'CD38'이라고 불리는 감사 유전자가 이러한 활동을 돕는다. 이 유전자는 6개월 정도의 꾸준한 노력으로 새롭게 생성되거나 활성화되기도 하는 것으로 알려졌으며, 이에 따르면 감사하는 습관을 통해 우리는 손쉽게 '옥시토신 시스템'을 강화할 수 있다. 매일 감사한 일 한 가지를 떠올리고 최대한 자세히 회상하는 것은 우리 몸속의 'CD38' 유전자를 활성화하는 가장 좋은 방법이다.

지금 당신에게 가장 고마운 한 사람은 누구인가?

• • •

이외에 '접촉'을 통해서도 옥시토신의 분비를 늘릴 수 있다. 아이를 낳은 부부를 대상으로 한 실험에서 여성의 옥시토신 수치는 출산과 수유를 통해 자연 증가한 반면, 남성의 옥시토신 수치는 자녀와 신체적인 접촉을 통해 점진적으로 늘어났다. 이로써 접촉이 옥시토신의 분비를 촉진하고 생성된 호르몬은 유대감을 높이는 선순환이 일어난다는 것을 확인할 수 있었다. 이때 쓰다듬는 행동은 상대방에게도 좋은 영향을 준다. 주인이 반려견을 쓰다듬는 동안 반려견의 옥시토신 혈중 농도의 변화를 측정했더니 호르몬 수치가 평상시의 130배 늘어났으며, 그동안 주인의 혈중 옥시토신 농도는 300배가량 증가했다.

옥시토신의 다른 이름은 '관계 호르몬'이다. 누군가를 걱정하고 사랑하고, 보살펴주려는 마음이 세포에 자극을 주고 우리 뇌에는 긍정적인 감정에 반응하는 수용체가 함께 증가하여 이른바 '옥시토신 시스템'을 강화시킨다. 한번 친절을 베푼 사람은 자꾸만 친절을 베풀게 되고 작은 친절에도 감사하는 마음이 생긴다. 상대방을 점점 신뢰하게 되고 시간이 흐르면서 상대방과 친밀한 관계로 연결되는 것이 자연스러워진다. 상대방에게 한 걸음 더 다가설 용기가 필요할 때, '관계 호르몬' 옥시토신의 도움을 받아보는 것은 어떨까?

#3

마음을
열다

화좀
더낼걸

| 자기 노출, 마음을 열다 |

'자기 노출Self-disclosure'은 자신이 먼저 자신을 스스로 들여다보고 본 것을 꾸미지 않고 상대방에게 솔직하게 드러내는 일이다. 자신을 드러내려고 일부러 선뜻 꺼내놓기 어려울 만큼 심각한 이야기나 부끄러운 비밀을 공유해야만 하는 것은 아니다. 생각과 감정을 표현하는 것만으로도 우리는 충분히 솔직해질 수 있다. 하지만 아무리 사소한 것이라도 처음부터 상대방에게 '마음 열기'란 누구에게나 쉬운 일은 아니다. 더구나 진정한 관계에서 오는 안정감이나 편안함을 제대로 경험하지 못한 사람은 다른 사람과 연결되기 위한 노력을 시간이 남아도는 사람들이나 누리는 사치라고 말하기도 한다.

눈에 보이는 것만 볼 줄 아는 사람은 어떻게 포장할지 고민하느라 시간과 에너지를 낭비하기 일쑤다. 빚더미에 올라앉아서도 외제차에 명품을 휘감고 다니던 자산관리사가 어디에도 속내를 털어놓지 못하고 마침내 극단적인 선택을 했다는 이야기가 더욱더 안타깝게 느껴지는 이유다. 자신을 드러내지 않고는 관계를 시작할 방법이 없다. 소탈한 관계가 주는 정서적 안정감은 있을 때는 누리는 줄 모르고 당연하게 여기지만 그것이 없으면 우리는 아무것도 제대로 할 수 없다. 까짓것 없어도 그만이라고 생각했다가 막상 바닥까지 소진된 후에는 혼자서는 결코 끌어올릴 수가 없다.

감정 표현에 익숙하지 않은 사람들은 감정을 드러내면 약점을 들키게 된다고 착각하기도 하는데, 이는 우리가 '개방적 의사소통'을 할 때 감정을 털어놓으며 후련함을 느끼는 것과 큰 차이가 있다. 우리는 말과 행동으로 드러나는 모습을 보고 상대방을 파악하고 어떻게 대할지를 결정한다. 이 때문에 상대방의 생각이나 반응을 예측할 수 있는 안전한 관계에서는 편안함을 느끼지만, 감정을 지나치게 절제하는 사람과 있을 때는 속을 알 수 없어서 관계가 불편하게 느껴지는 것이다.

감정 표현은 단순히 속이 후련해지거나 정서적 안정감을 얻는 것 이상의 의미가 있다. 어떤 감정이 느껴지기 시작했다면 나머지 절반은 그것을 표현하면서 알게 된다. 예를 들어 평소에는 그저 답답한 정도였는데 상담사 앞에서 이야기를 꺼내는 순간 눈물이 주르륵 흐르거나, 좋아하는 사람에게 마음을 고백한 뒤부터 더 깊은 사랑에 빠지게 되는 것도 비슷한 원리다. 자신은 단지 내색하지 않았을 뿐이라고 생각하겠지만 표현하지 않은 감정은 마음속에서 점점 무뎌지고, 결국엔 감정을 표현하는 방법조차 잊어버리고 만다.

감정을 표현하지 못하는 사람들의 속사정에는 상대방을 용서할 용기가 없는 경우도 있다. 아직 상대방을 제대로 공감할만한 마음의 여유도 없으면서 자신은 용서했으니 다 잊으라고 호기를 부리기도 한다. 그러면 정말로 상대는 까맣게 그 사실을 잊는다. 용서는 덮어놓고 자신을 내려놓는 것이 아니다. 한 번 보고 끝낼 것이 아니라 상대방과 언제든 다시 관계로 이어지고 싶다면 먼저 자신의 감정에 솔직해져야 한다. 그리고 상처받은 자신을 외면하지 말고 상처받았다고 말할 수 있어야 한다. 겉으로는 괜찮은 척하면서 속으로는 상대가 잘못을 시인하지 않으면 용서하지 않겠다고 원망하기보다는 서로를 위해 '용서하는 용기'를 내 보자. 상처받은 아픈 마음을 드러내는 것은 어쩌면 가장 용기 있는 자기 노출이다.

게다가 감정을 제대로 설명할 수 없을 때, 사람들은 의견을 결정하는 것에도 어려움을 겪는다. 100% 합리적인 사고를 통해 도달했다고 믿는 결정에도 감정이 개입한다. 결정적인 순간에 확신하지 못하면 판단은 미뤄질 수밖에 없는데, 이것은 이성적인 판단의 근거가 충분한 경우도 마찬가지다. 따져 볼 것은 충분히 다 따져보았는데도 뭔가 확신이 서지 않는 것은 자신의 감정을 제대로 인식하지 못해서다. 단호하게 결정하기 원한다면 지금부터 감정에 솔직해지는 연습이 필요하다. 누군가에게 슬프다고 털어놓거나 화가 날 때는 호통을 치고, 부끄러울 때 그렇다고 털어놓는 것, 내 마음에 떠오르는 감정을 솔직하게 표현하고 다른 사람과 연결되는 경험을 통해 마침내 자기 자신을 더 잘 알게 된다. 내 마음을 열면 가장 먼저 내가 보인다.

| 감 정 노 출, 화 좀 더 낼 걸 |

내 뜻대로 살걸 ∷ 내 삶이 아닌 다른 사람의 삶을 산 것

일 좀 덜 할 걸 ∷ 쉬지 않고 너무 열심히 일만 했던 것

화 좀 더 낼 걸 ∷ 감정을 솔직하게 표현하지 못한 것

친구들 챙길 걸 ∷ 친구들을 제대로 챙기지 못한 것

도전하며 살 걸 ∷ 변화가 두려워 즐기지 못한 것

- 죽을 때 가장 후회하는 5가지, 영국 가디언지, 2012

누구나 한 번쯤 '화내면 지는 거다'라는 생각으로 분을 삭여 본 적이 있을 것이다. 그렇다면 남들 앞에서는 화 한번 내지 않는 유순한 사람들이 늘 싸움에서 이기는 것일까? 이 말은 절반은 맞고 절반은 틀리다. 겉으로는 매사에 충분히 그럴 수 있다며 호기롭게 코웃음을 치거나 세상만사를 너그럽게 이해하는 것처럼 보여도 속으로는 상대방의 사소한

말 한마디에 내상을 입는 사람들이 많다. 말 그대로 진짜 이기는 싸움이 되려면 화를 내는 '행동'만 참을 것이 아니라 화가 나는 '감정'을 제대로 관리할 수 있어야 한다.

J는 평소 자신의 감정을 적극적으로 표현하는 편이다. 생일날 미역국을 미역 조림으로 만든 남편에게 감동해서 눈물을 펑펑 쏟고, 누군가 재미있는 이야기를 꺼내면 늘 방청객 모드로 박장대소를 터트린다. 그녀와 함께 있으면 누구나 재치 있고 유머러스한 사람이 된다. 게다가 TV에서 안타까운 사연과 함께 후원계좌가 나오면 눈물이 그렁그렁해서 휴대폰부터 찾기 일쑤다. 그런데 이렇게 감정 표현에 익숙해 보이는 그녀에게도 제대로 표현하지 못하는 감정이 있다. 유독 '화'는 두 번 세 번 생각하다가 타이밍을 놓치고 만다. 그때마다 그녀의 속은 화(火)로 새까맣게 타들어 간다.

많은 사람들이 화를 참으면서 감정을 '관리'한다고 착각한다. 이런 착각은 화를 내는 것이 미숙한 행동이라는 오해에서 시작된다. 그래서 남들은 겉과 속이 다르다고 욕하면서 자신은 포커페이스를 유지하느라 애를 쓰기도 한다. 심리학자이자 상담 치료 전문의인 레스 카터Les Carter 박사는 그의 저서 〈분노로부터의 자유Anger trap〉에서 '분노는 개인의 가치가 침해당할 때 자신을 보호하기 위해 생기는 자연스러운 감정이며, 나를 알아달라는 호소이다.'라고 말했다. 자신에게 중요한 것을 함부로 대하면 누구든 화가 난다. 이것은 화를 내는 사람이 예민하거나 유별나서가 아니다. 누군가에게는 '별것도 아닌 일'이 다른 사람에게는 상처가 되는 경우는 수도 없이 많다.

세상에 표현하면 절대 안 되는 나쁜 감정은 없다. 오히려 자연스러운 감정을 나쁜 것으로 치부하는 데서 문제가 생긴다. 우리는 다양한 감정을 통해 최종의사를 결정하고 생각을 확신하게 되는데, 표현해도 되는 '좋은 것'과 표현하면 안 되는 '나쁜 것'을 임의로 구분해 놓으면 생각의 범위가 제한된다. 게다가 이런 잘못된 이분법을 다른 사람에게도 적용하는 실수를 저지르기도 한다. 가령 화를 내는 사람과는 무조건 멀리하겠다고 다짐하거나 누군가 화를 내면 원인을 들여다보고 문제를 해결하려고 노력하는 대신 화내는 행동 자체를 문제 삼고 소통을 차단해 버리기도 한다. 자녀에게 '화'는 나쁜 것이니 절대로 표현하지 말 것을 당부하면서 자녀를 불행한 '애 어른'으로 만든다. 감정에 솔직하지 못한 습관은 필연적으로 정체성 혼란으로 이어지지만, 그때조차 긍정적인 마음으로 극복하겠다고 다짐하며 화를 눌러 참는다.

그러나 '화'는 시간이 지나면 저절로 꺼지는 '불'과 다르다. 억눌린 '화'는 원치 않는 상황에서 갑자기 튀어나오거나 속으로 더 깊이 파고들어 마침내는 자신을 망가뜨린다. 우리가 흔히 알고 있는 '화병'은 이마에 흰 띠를 두르고 누워있는 무기력한 상태를 설명하는 말이 아니다. '화병Hwa-byung'을 최초로 정신의학 용어로 정립한 이시형 박사는 '화병'을 '화를 참지 못하는 분노 증후군'이라고 설명한다. 감정을 억눌렀다가 엉뚱한 곳에 화풀이하기도 하고 때로는 그 화살이 자신을 향해 쏟아지기도 한다. 손목에 자해하는 행동을 반복함으로써 살아있음을 느낀다는 '리스트컷 증후군Wrist cutting syndrome'은 화를 제대로 표출하지 못하는 청소년과 어른들 사이에서 급속도로 번지고 있다. 이처럼 '화'는 제대로 관리하지 못하면 언젠가는 반드시 폭발한다.

무조건 좋은 사람이 되어야 한다는 강박관념이나 '화'는 나쁜 감정이라는 오해 때문에 감정을 그대로 방치했다가는 결국 쌓인 감정이 상대와 나의 연결고리를 모두 태워버리고 그 관계는 새드 엔딩으로 끝이 난다. 이러한 결말을 맞지 않으려면 무조건 긍정적인 말로 감정을 포장하는 것을 멈추고 솔직하게 표현하는 용기가 필요하다. 그것이 관계를 살리는 진짜 감정관리의 시작이다.

| 솔직한 사람이 화도 잘 낸다 |

솔직한 사람이 화도 잘 낸다고 했는데, 그렇다면 반대로 화를 잘 내는 사람은 솔직한 것일까? 대답하기에 앞서 단순히 감정적인 것과 감정 감수성이 높은 것을 구분하는 것이 필요하다. 자신의 감정을 미처 알아채지 못해서 화부터 내는 것은 단지 감정적인 반응에 지나지 않는다. 감정적인 사람은 오히려 감정에 솔직하지 못할 때가 많은데, 이에 관해서는 다음 장 〈무서운 똥이 된 채 부장〉에서 좀 더 자세히 이야기 나누려고 한다. 자신의 감정을 제대로 아는 유일한 방법은 제대로 표현하는 것이다. 그래서 '화'가 나는 감정의 원인을 찾으려면 역설적이게도 '화'를 내 보는 수밖에 없다. 솔직한 사람이 화도 잘 내고, 제대로 화내는 사람은 뒤끝이 없다. 그런데 여기서 '화'는 정리되지 않은 생각을 마구 쏟아내거나 큰 소리로 누군가에게 겁주는 행동을 말하는 것이 아니다. '화'는 솔직하고 단호하게 감정을 표현하는 용기다.

"아야! 아, 전 괜찮아요." J는 붐비는 지하철에서 또 발을 밟혔다. 반사적으로 멋쩍게 웃으며 고개를 들었는데 구두를 밟고 선 사람이 적반하장으로 눈을 부라린다. 찍소리 할 틈도 없이 지하철을 내려 지인과의 약속 장소에 도착했다. 매번 늦는 선배가 이번에도 늦으면 정말 한마디 해야겠다고 다짐했다. 약속 시간 30분이 지나서야 도착한 선배는 늘 그렇듯 여유 있는 미소를 지으며 그녀의 맞은편에 앉았다. 한마디 하려다가 문득, 카페에서 밀린 일을 하고 있을 테니 천천히 오라고 한 것은 자신이었다는 것을 깨닫고 그녀는 다시 멋쩍게 웃었다.

'왜 바보같이 제대로 말도 못 했을까?'
'그때는 따끔하게 한마디 해야 했는데…'

사무실로 호출해놓고 사방팔방 전화를 돌리는 벤처 회사 대표를 기다리며 '당신의 벤처는 모험으로 끝날지어다.'라고 속으로 악담을 퍼부으면서도 겉으로는 괜찮다며 또 멋쩍게 웃는다. 그러면 여지없이 조금만 더 기다려 달라고 양해를 구하는 대답이 돌아온다.

'이게 화낼 일인가? 에이, 아니지...'

'그런데 왜 이렇게 마음이 불편하지...?'

표현하지 않는 감정은 원인을 찾지 못한 채로 그저 별것 아닌 일이나 성격이 예민한 탓으로 치부되고 만다. 그러나 이렇게 화를 참는 것은 다짜고짜 화를 내는 것만큼 어리석은 일이다. 지금 단호하게 말하지 않으면 다음번에도 똑같은 일이 반복될 것이고, 자신은 무턱대고 온화할 것이며, 왠지 모를 불편함을 지금과 똑같이 느끼게 될 것이다. 카터 박사의 말처럼 분노는 자연스러운 감정이다. 성숙하지 못해서 화가 나는 것이 결코 아니다. 남들에게 온화하게 구느라 자신의 감정을 방치하지는 않았나? 감정을 관찰하기 시작하면 신기하게도 이전보다 감정을 표현하는 것이 수월해진다. 화는 누군가를 향한 공격이 아니라 자신의 욕구가 무너질 때 생기는, 분명한 이유가 있는 감정이라는 것도 알게 된다.

자신의 감정을 읽고 나면 매번 늦는 선배에게 짠내 나는 아량을 베푸는 대신 불편한 감정을 제대로 표현할 수 있게 된다. 나에게는 '시간'이라는 가치가 중요하고, 오늘은 선배와 여유 있게 시간을 보내고 싶었다고 생각한 대로 말할 수 있다. 상대를 비난하지 않고도 충분히 생각을 표현할 수 있다는 것을 경험하고 나면 그다음부터는 감정을 함께 말하기도 쉬워진다. 여기에 자신이 원하는 바를 더하여 말하면 '생각-감정-욕구'의 프레임이 완성되는데 이와 관련해서는 다음 장에서 자세히 이야기 나누려 한다. 어쩌면 상대방은 앞으로도 가끔 약속 장소에 늦겠지만 미안하다고 사과하는 것을 잊지 않을 것이다. 그러면 그때야말로 한 번쯤 봐주는 진짜 아량을 베풀 수 있게 된다. 불편한 감정의 원인을 충분히 설명하고 솔직하게 감정을 표현한다면 상대방이 일부러 같은 실수를 반복하지는 않을 것이다. 오히려 아무 말도 하지 않고 상대가 눈치껏 자신을 대해주기 바라는 것이 지나친 욕심인지도 모른다.

누구에게나 반드시 지켜지기 원하는 가치가 있다. 이것은 아무리 융통성이 뛰어난 사람이라 하더라도 마찬가지다. 자신에게 정말 중요한 것이어서 절대로 침해당하고 싶지 않거나 누군가 함부로 생각하면 불편한 감정이 올라올 때가 있다. 나도 모르게 화가 치미는 그 지점이 바로 내 감정의 아킬레스건이다. 이것은 각자 타고난 성향이나 경험에 따라 달라진다. 별것 아닌 일에 발끈했다고 후회하고 반성하기 전에 자신의 아킬레스건을 스스로 아는 것이 중요하다. 운이 나쁘면 의도적으로 아킬레스건을 공격하는 상대를 만나기도 하는데 이런 상황에서조차 자신의 감정을 아는 사람은 상황에 보다 유연하게 대처할 수 있다.

침해당하면 불쑥 화가 치미는 감정의 아킬레스건은 무엇인가?

• • ●

자신의 감정을 면밀히 살피고 솔직하게 표현하는 것이 서로를 존중하고 배려하는 '화내기의 기술'이다. 거창하게 기술이라고 이야기를 꺼냈지만 사실 용기를 내는 데는 특별한 방법이 없다. 이리저리 재고 방법을 고민하다가 매번 타이밍을 놓치지 않았던가. 용기는 '번지점프를 뛰어내리듯 단호하게' 행동으로 옮기는 것이다. 화가 난다는 것은 '바로 지금, 네가 한마디 할 상황이야!'라고 감정이 나에게 힘을 실어주는 것이다. 화가 나는 상황은 피해야 할 위기가 아니라 생각을 제대로 표현할 수 있는 절호의 기회다.

| 화내기 전 준비운동과 도움닫기 |

뜨거운 것에 손이 닿으면 '앗 뜨거워' 하고 바로 손을 떼는 것처럼 약한 감정을 건드리면 감정의 반사 신경이 곧바로 반응한다. 그것이 '화'다. 그러다 보니 화가 나면 이성적으로 대응하기보다는 감정에 휘둘려 자신도 모르는 행동이 튀어나오게 마련이다. 세계적인 심리학자이자 경영사상가인 다니엘 골먼Daniel Goleman은 이러한 현상을 '편도체 납치 Amygdala Hijack'이론으로 설명한다. 위험신호에 즉각적으로 반응하기 위해서 뇌는 잠시 '본능의 뇌'인 편도체에 생각의 주도권을 내어주는데 그때부터 모든 행동은 본능을 따르며 이성을 관장하는 뇌는 잠시 통제권을 잃는다. 그래서 화가 나면 자신이 무슨 말을 하는지도 모르고 아무런 말도 들리지 않는 것이다. 감정의 원인을 들여다보고 제대로 표현하면 상황을 개선하는 데 도움이 되지만 반사적으로 폭발해버리면 아무소용이 없다. 그래서 화내는 것에도 준비운동이 필요하다.

실제로 극단적인 감정을 조절하는 데 어려움을 겪는 일부의 경우에 편도체의 흥분을 가라앉히는 약물을 투여하기도 한다. 그러나 우리는 보다 간단한 방법으로 스스로 감정을 통제할 수 있다. 화가 치미는 순간, 잠시 멈추는 것이다. 여기에 필요한 시간은 단 3초. 3초간 숨을 들이쉬고 내쉬면서 잠시 통제권을 잃었던 이성의 뇌를 가만히 다시 움직여 보라. 속이 화로 끓어오르기 시작했다는 것을 알아차린 순간 '잠시 멈춤'. 본능적으로 '반응'하는 대신에 이성적으로 '대응'하는 습관을 만드는 것이다. 지금, 숨을 한번 크게 들이 마셔보라. 그리고 천천히 내쉬기. 생각이 차분해지는 것을 즉시 경험할 수 있다. 몸과 마음의 이완을 돕는 부교감 신경을 가장 빠르게 활성화할 수 있는 방법은 바로, 한숨이다.

지금,

숨을 한번 크게 들이마셔보라.

그리고,

조금 더 천천히 내쉬기.

사람들은 저마다 멈춤의 시간을 버티는 방법을 가지고 있다. '욱할 때 1부터 100까지 숫자 세기', '벽지 무늬의 십자 배열 분석하기', '부장님 책상 위의 은단 알갱이 개수 세기', '보고서 한자의 획수 세기', '맥박수 세어보기', '웃기는 상상하기' 등 저마다 다양한 방식으로 보호 본능을 발휘한다. 말 그대로 뇌가 분노로 폭발하는 것으로부터 자신을 보호하는 행동들이다.

여기에 좀 더 의식적인 노력을 더하면 훨씬 효과적으로 감정을 관리할 수 있다. 의식적으로 이성의 뇌를 자극해 납치당한 주의력을 되찾는 원리다. 이것을 '감정 라벨링Emotion labeling'이라고 부르기도 하는데, 자신이 느끼는 감정을 그대로 단어로 표현하면 된다. 언어로 감정을 정의하기 위해 뇌가 이성적으로 사고하기 시작하면 이성의 뇌 '전전두엽'이 활성화되면서 동시에 편도체의 반응은 줄어들게 되고, 그 사이에 우리는 감정을 조절할 수 있는 여지를 얻게 되는 것이다.

'화가 나'

'부끄럽다'

'절망스러워'

감정을 들여다보며 잠시 멈추는 것은 아예 감정이 올라오지 못하도록 눌러 참는 것과는 다르다. '많이 속상했구나' 한 마디면 펑펑 울고 털어버렸을 것을, 쓸데없이 울지 말라는 꾸지람을 들으며 자란 아이는 '상처 입은 애 어른'을 가슴속에 담고 산다. 자신이 느끼는 감정을 스스로 알아주지 못해서 꺼내지 못하고 마음속에 차곡차곡 쌓아두게 된다. 감정을 있는 그대로 받아들이라는 조언이 추상적이어서 실천하기 어려웠다면 지금 느끼는 감정을 단어로 표현하고 그 감정의 강도는 어느 정도인지 점수를 매겨보라. 한 발 떨어져 자신의 감정을 관찰할 때 생각의 여유가 생긴다.

나의 감정 :

감정 점수

0	1	2	3	4	5	6	7	8	9	10

예) 지금 화가 났구나. 나의 화 점수는 10점 만점에 8.5점이야.

　감정의 동물인 인간은 본능대로 살면 당연히 감정에 휘둘릴 수밖에 없다. 그런데 여기에 의식적인 연습이 더해지면 잠시 멈추어 생각할 수 있는 새로운 패턴이 만들어진다. 다만, 여기서 한 가지 명심할 것은 이러한 응급조치는 다음 단계 '제대로 화내기'를 위한 준비 운동이라는 사실이다.

　체육관에서 운동을 하다가 갑자기 근육이 뭉쳐서 옴짝달싹 못하게 된 적이 있었다. 아프다고 엄살을 피웠더니 트레이너 선생님이 허벅지 근육을 죽지 않을 만큼 세게 눌렀다. 다시는 엄살을 피우지 않겠다고 속으로 다짐하고 있었는데 신기하게도 그때부터 팔다리가 다시 움직이기 시작하는 것이었다. '마사지 아닙니다. 응급조치해 드린 거예요.'라는 트레이너의 말과 함께 헬스장 진상 아줌마가 된 것을 대가로 확실한 '화 풀기의 원리'를 발견했다. 화를 낼 때도 마찬가지다. 일단 화를 누그러뜨리는 응급조치 덕분에 이성의 뇌가 작동하기 시작하면 이때를 놓치지 않고 단호하게 말하는 용기를 내는 것이 핵심이다. '화'는 인간이 만들 수 있는 가장 강력한 에너지다. 평소에는 자신의 의견을 말하기 힘들었더라도 '화'의 도움을 받으면 평소보다 더 단호하게 말할 수 있다. 은단 알갱이를 세면서 화가 누그러졌다고 안도하며 그냥 지나칠 것이 아니라 차분한 이성의 뇌로 분명히 의사를 전달하는 것이 중요하다.

다만, 화를 내는 이유는 상처받은 감정을 앙갚음하려는 것이 아니라 불편한 상황이 반복되지 않도록 상대에게 양해를 구하는 것이라는 점을 기억해야 한다. '화'로 공격하면 상대는 즉시 방어 체계에 돌입하여 맞받아칠 준비를 하지만, 상대방이 자신의 감정을 표현하는 것이라고 생각하면 우선 이야기를 들어볼 마음이 생긴다. 이처럼 상대방을 비난하지 않고 감정을 표현하는 것을 '나 전달법I-message'이라고 말한다. '나 전달법'에는 세 가지 필수 요소가 있다. 비난하지 않고 상황만을 서술할 것, 그 상황이 자신에게 미친 영향을 설명할 것, 그리고 마지막에는 자신의 감정을 말하는 것이다. 실제 대화에서는 세 가지 요소를 정확하게 지키려고 하기보다는 원리를 기억하는 것이 도움이 된다. 대화에 적용하기 어렵다면 문장을 말하기 전에 속으로 '나는'이라는 단어를 넣어보면 신기하게 뒤따라오는 문장이 저절로 바뀐다. 앞에 나온 J의 사례를 인용하면 다음과 같다.

선배는 매번 약속 장소에 늦는다.

O I-message
(저는) 오늘 선배랑 충분히 얘기하고 싶었는데, 그러지 못해서 속상해요.

X You-message
선배가 늦으니까 늘 얘기할 시간이 부족해요.

나 전달법의 3요소

1 상대를 비난하지 않고 상황을 객관적으로 서술하기

2 그 행동이 나에게 미치는 영향에 대해서 말하기

3 그것에 대한 자신의 감정 솔직하게 표현하기

'불火'과 '화火'가 같은 어원을 갖는 것은 정말 놀라운 동시성이다. 한 순간에 온 세상을 잿더미로 만드는 불처럼 앞뒤 재지 않는 감정 폭발은 지금껏 관계에서 지켜온 모든 규칙을 깨뜨리고 돌아올 수 없는 지경으로 관계를 내몬다. 반면 유리를 만드는 장인의 불은 여차하면 깨지는 유리잔을 조형하는 데 쓰인다. 여기에는 장인의 세심한 관리가 필요한 것처럼 관계도 마찬가지다. 감정에 휘둘리지 않고 이성으로 다스린 화는 오히려 상대방에게 자신을 적극적으로 표현하고 서로를 잘 이해하도록 돕는 매개체가 된다.

| 무서운 '똥'이 된 채 부장 |

누구에게나 화가 치미는 순간이 있다. 불의를 보거나 위협을 당할 때 혹은 부당한 일에 휘말리거나 원하는 바를 이루지 못했을 때, 크게 기대한 일에서 실망했을 때도 마찬가지다. 그런데 우리는 가끔 다른 감정을 숨기느라 '화'를 내기도 한다. 사소한 것에 집착했던 소심함을 숨기려고 큰소리를 치기도 하고, 겁 많은 강아지가 크게 짖는 것처럼 두렵고 겁이 날 때마다 '화'를 내는 사람도 있다. 혹은 슬프거나 놀랐거나 실망했을 때, 시기, 질투와 같은 부정적인 감정이 느껴질 때마다 모두 '화'로 표현하는 사람도 있다. 숨기고 싶은 부정적인 감정을 회피하려고 할 때 우리는 자신도 모르게 비겁해진다.

P 그룹 기획실 채 부장은 신입 사원들에게 '독화살'로 통한다. 그런데 이상한 것은 채 부장의 독화살은 늘 젊은 여직원을 향한다는 점이다. 신입 직원을 직접 교육하지 않아도 되지만 굳이 불러 세워서 온종일 목에 핏대를 올린다. 그러고는 특별히 시간을 쪼개서 피드백을 해 주었는데도 눈곱만큼도 나아지는 게 없다고, 여우같이 눈치나 보는데 일을 제대로 하겠냐며 책상을 몇 번씩이나 내려친다. 몇 해 전부터 똑같은 레퍼토리로 분통을 터트리는 채 부장의 대사를 듣고는 모두가 노처녀 히스테리라고 입을 모아 수군거린다.

채 부장의 '살신성인' 피드백은 어떤가? 동료들의 수군거림에도 불구하고 그녀의 말과 행동에는 거침이 없다. 그녀의 당당한 태도로 보아 자신은 단 한 순간도 누군가를 부당하게 괴롭혔다고 생각한 적은 없을 것이다. 말 그대로 본인도 퇴근 시간을 미뤄가며 열을 올리고 있었으니 살신성인이라고 할 만도 하다. 그런데 이대로라면 채 부장은 앞으로도 신입사원이 입사할 때마다 어떤 이유로든 화가 치밀어 오를 것이 분명하다. 이렇듯 수치심, 두려움, 슬픔, 놀람, 실망, 시기, 질투는 서로 전혀 다른 감정이지만 남에게 들키고 싶지 않은 부정적인 감정을 모두 '화'로 뭉뚱그려 놓으면 영영 그 원인을 찾아 해결할 수가 없다.

　반면 출근 직후부터 퇴근 직전까지 시달린 신입 사원은 어땠을까? 그녀는 언젠가부터 기획팀과 관련한 업무만 깜빡하거나 실수하는 일이 잦아졌다. 채 부장은 일부러 약 올리는 거냐며 전보다 더 히스테릭한 반응을 보였지만 신입사원의 이런 어이없는 실수는 한동안 계속되었다. 이런 현상을 심리학에서는 '수동 공격성Passive aggression'이라고 말한다. 피할 수 없는 상황에서 대상에게 직접적으로 분풀이하는 대신 상대방이 곤란을 겪을만한 소심한 복수로 맞받아치는 것이다. 이때 '수동 공격자'는 반복되는 실수에 자책하는 듯한 태도를 보이기도 하지만 실제 업무개선으로 이어지는 경우는 흔치 않다. 이런 '수동 공격성'은 무의식 중에 일어나서 당사자도 알아차리지 못하는 경우가 많다. 주변 사람들에게 동정을 사거나 반대로 고단수 사이코 취급을 받기도 하는데 이들에게는 이 같은 '화'의 소극적인 표현이 '소심한 복수'인 셈이다.

　우리 속담에 '방귀 뀐 놈이 성낸다.'는 말이 있다. 뒤가 구린 행동을 하고는 들킬까 봐 지레 큰소리를 치는 상황이다. 이렇듯 불편한 감정을 감추려고 꾸며낸 거짓 '화'에는 실체가 없다. 하지만 막상 화를 내는 사람들은 불편한 상황이 자기 탓이 아니라는 것을 증명하려고 화풀이 대상에서 핑곗거리를 찾는다. 엉뚱한 데서 꼬투리를 잡으려다 보니 주변 사람들에게 제대로 공감을 얻지 못하는 것이 당연하다. 공감받지 못한 화는 짜증으로 전락한다. 이때 사람들은 '똥이 더러워서 피하지 무서워

서 피하느냐'라는 생각으로 슬금슬금 자리를 피하는데 이런 상황은 '화'
가 터져 나올 때의 속 시원한 기분과 맞물려서 화를 내는 사람에게 마
치 힘을 얻은 것 같은 착각을 느끼게 한다. 실제로 '화'를 낼 때 몸 안에
서는 권력과 우월감의 호르몬 '테스토스테론'이 다량 분출된다<small>Lewis, M.,
Ramsay, D. S., & Sullivan, M. W., 2006</small>. 이런 끔찍한 화火 사이클에 갇힌 사람
들은 '무서운 똥'이 되어 계속 화를 내는 악순환을 반복한다.

　"도대체 다들 왜 이 모양이야!"

　불편한 느낌이 들 때마다 외부로 책임을 떠넘기며 화내는 것에 익숙
해지면 나중에는 자기감정의 원인을 제대로 인식하고 표현하는 방법조
차 잊어버린다. 소위 '무슨 말만 하면 화내는 사람'으로 낙인찍힌다. 본
인은 그 순간 남 탓을 하면서 안도했을지 몰라도 다른 사람들은 귀신같
이 그것을 알아챈다.

　'자기가 잘못해놓고, 지금 누구한테 뒤집어씌우는 거야?'

　눈앞에서는 상대방의 체면을 생각해서 그냥 넘어가 줄지 모르지만,
남 탓은 부메랑이 되어 언젠가 자신에게 되돌아온다. 방귀 뀐 놈이 성
을 낼 때 지독한 냄새와 분노 폭탄을 참아가며 상대방의 처지를 헤아려
줄 사람은 그리 많지 않다.

　우리가 감정을 표현하는 이유는 단지 버럭 화를 내어 난처한 순간을
모면하거나 분을 토해내서 속이 후련해지기 위해서가 아니다. 서로의

생각을 제대로 알고 관계를 건강하게 유지하기 위해서다. 건강한 관계를 위한 '건강한 화'의 핵심은 '솔직해지는 용기'다. 상대방을 지나치게 배려하느라 자신의 감정을 숨기거나, 자기 생각만 하면서 다른 사람을 탓하기 전에 자신의 감정에 먼저 솔직해지는 것이 중요하다. 그리고 떠오른 생각이 설령 마음에 들지 않더라도 그대로 수용하는 용기가 필요하다. '화'라고 착각했던 감정을 제대로 들여다보는 것만으로도 주변과의 관계를 개선하는 데 크게 도움이 된다.

| 탁월한 리더의 호통법 |

리더의 커뮤니케이션 역량이 조직의 성패를 좌우한다는 사실에는 재론의 여지가 없다. 공감이나 경청과 같은 감성적인 교감이 구성원의 동기를 촉진한다는 연구는 이미 식상함을 넘어섰다. 리더의 커뮤니케이션에는 의사소통의 기술을 넘어서는 전략이 필요하다.

일상적인 대화에서 가장 강력하게 의사를 표현하는 기술은 '화'다. 제대로 사용하면 효과적인 의사 전달에 도움이 되는데 이것을 리더의 언어로 옮긴 것이 '호통'이다. 호통치는 리더가 이끌어낸 조직의 성공사례는 경기장이나 전쟁터에서 흔히 알려진 바 있다. 유능한 리더로서 감독과 지휘관은 사소한 실수조차 용납되지 않는 절체절명의 순간에 구성원의 몰입을 끌어내기 위해 '호통'을 친다. 마찬가지로 소위 '이익 집단의 경주마'가 제각기 전속력으로 달리는 일터에서 '호통의 커뮤니케이션'이 통하지 않을 리 없다.

일반적으로 화를 외부로 표출하는 데는 '감정 해소'와 '문제 해결'에 그 목적이 있다. 일상생활에서는 부정적인 감정을 표현하려고 화를 내는 경우가 많지만 리더의 '호통'은 상황을 개선하는 데 집중하는 것이 바람직하다. 이를 위해서는 먼저 리더가 '문제 상황'을 객관적으로 인식하고 원인을 파악하여 조직과 구성원의 공감을 이끌어내는 것이 중요하다. 이런 과정을 거치지 않은 일방적인 '호통'으로는 조직을 변화시키고 문제를 해결할 수 없다. 불합리한 호통은 반드시 시발점으로 돌아간다. 다만, 돌아올 때는 불신과 그에 따른 여러 가지 합병증을 함께 달고 온다.

반면, 공감과 수용을 거친 호통은 구성원을 변화시키고 문제를 해결하는 데 강력한 에너지를 발휘한다. 결정적인 순간에 호통침으로써 구성원이 문제 상황을 절실하게 깨닫고 실행력을 극대화할 수 있게 한다. 진화 심리학의 관점에서 보면 조직에서 리더의 '호통'은 조직원에게 강력한 위험신호로 인식된다. 생존을 목적으로 설계된 본능의 뇌는 무의식을 자극하여 상사의 '호통'이라는 위협적인 상황에 대응하려 하고, 이때 구성원의 역량이 최대치로 발휘되는 것이다. 단, 이 과정에서 상사의 '눈치를 살피며' 꼼수를 쓸 것인지, '위기를 인식하고' 능동적으로 움직일 것인지는 리더의 평소 커뮤니케이션 역량에 달렸다.

직장인의 이직은 직장을 떠나는 것이 아니라 상사를 떠나는 것이라는 우스갯소리가 있다. 문제에 초점을 맞춘 피드백은 문제를 해소하지만 구성원에게 초점을 맞춘 비난은 구성원을 떠나가게 만든다. 리더의 역할은 어떻게 호통칠 것인지를 고민하는 것에 앞서 '호통법'이 제대로 통하는 건강한 조직문화를 만들어나가는 데 있다. 리더와 조직이 구성원 각자의 노력을 인정하고 그 과정에서 발생하는 문제를 기꺼이 함께 해결해 가겠다는 신뢰를 보낼 때 리더의 호통법은 비로소 효과를 발휘하게 된다. 유능한 리더는 어설프게 화내지 않는다. 제대로 호통친다.

| 화낼 때 vs 안 낼 때 |

'세상에 성질 없는 사람이 어디 있어?'

팽팽하게 긴장된 상황에서 어느 한쪽이 언성을 높이기 시작하면 분위기는 금세 험악해진다. 참을 만큼 참았으니 폭발을 각오하라는 일종의 선전포고다. 언뜻 생각하면 화를 내는 것은 내키는 대로 내지르는 일 같지만, 그 '내키는 대로'에 제동을 거는 생각들이 어떻게 작동하는지에 따라 '화'는 '약'이 되기도 하고 '독'이 되기도 한다. 아무리 좋은 것도 적재적소에 필요한 만큼만 사용해야 쓸모가 있다. 이것이 화내는 기술의 핵심이다.

"저기요! 사과하시라고요!" 만원 지하철이 웅성거리기 시작했다. 한쪽에서 정말 무슨 잘못을 하기는 한 모양인지 우물쭈물하는 사이에 '저기요'는 '아줌마'가 되고, '아줌마'는 '야!'로 바뀌었다. 무슨 큰일인가 했더니 한 승객이 발을 밟힌 모양이었다. 옆에 비스듬히 선 아주머니도 얼굴이 벌겋게 달아올라 있었다. 두 사람이 옥신각신 하는 사이 이내 정차를 알리는 안내 멘트가 흘러나왔다. 아주머니는 지하철 문이 열 리자마자 잽싸게 뛰어내렸고 앵두 같은 입술로 육두문자를 날리던 아가씨는 사람 들의 시선을 한몸에 받으며 한 정거장을 더 가서 내렸다.

감정이 몸에 쌓이면 해롭다고 해서 화가 날 때마다 곧바로 표현하 는 것만이 능사는 아니다. 다른 생각으로 기분전환을 하거나 없었던 일 로 치고 최대한 빨리 잊는 편이 오히려 나을 때도 있다. 이 사례에서 발 을 밟은 아주머니는 발을 밟힌 여성이 경고한 대로 앞으로 '눈을 똑바로 뜨고 다니기'는 하겠지만 막상 화를 낸 사람에게 돌아오는 이득은 없다. 그 여성이 다른 장소에서 다시 발이 밟힌다고 해도 같은 아주머니일 리 도 없다. 이처럼 화를 내는 것이 문제 해결에 도움이 되지 않는 '일시적 인 관계'에서는 상대방을 지적하여 문제를 해결하기보다는 몸속에 쌓인 부정적인 에너지를 해소하는 것에 신경 쓰는 편이 낫다. 처음 보는 아주 머니에게 무서운 경고를 날리기보다는 골목길을 뛰면서 운동에너지로 '화'를 배출하는 것이 정신적으로도 육체적으로도 훨씬 이롭다.

그런가 하면 반드시 서로가 상황을 정확하게 인식하고 함께 문제를 해결해야 하는 경우도 있다. 말 그대로 짚고 넘어가야 하는 경우다. 한

번의 단호함으로 상황을 개선할 수 있다면 용기 내어 적극적으로 '화'를 표현해야 한다. 그렇지 않으면 나중에 화병으로 폭발하거나 반대로 자기 생각을 말하지 못한 것을 두고두고 후회하게 된다. 간혹 이차적인 감정secondary emotion으로 '화'를 경험할 때 수치심이나 두려움, 시기심 등의 진짜 원인을 간과하게 되는데 이때는 무엇보다 '화'의 원인을 제대로 파악하는 것이 중요하다. 다음 단락에서 이 과정을 간단히 연습해 볼 수 있다. 앞서 채 부장의 '살신성인'처럼 자신도 원인을 모르는 상태에서 '화'부터 내면 문제를 해결하기는커녕 오히려 자신이 문제아로 낙인 찍힌다.

충분한 고민 없이 무턱대고 화를 내면 당장은 감정을 쏟아내는 쪽에 유리하게 상황이 흘러가는 것 같지만 장기적인 관점에서는 화를 낸 쪽이 불리하다. 오히려 사소한 일에도 화내는 사람으로 몰려 역으로 공격 당하거나 화낸 사람의 죄책감을 이용하여 교묘하게 상대방을 조종하려는 사람을 만날 수도 있다. 마찬가지로 상대방이 갑작스럽게 화를 내는 경우에도 그 이유를 되짚어보면 대응하는 데 도움이 된다. 누구나 공격을 받으면 본능적으로 화가 나지만 이때도 마찬가지로 앞서 〈화내기 전 준비운동〉에서 이야기 나눈 3초의 여유를 확보한다면 상황에 '반응'하지 않고 '대응'할 수 있다. 인간관계에서 발생하는 사건들에 보다 현명하게 대처하려면 즉각적인 반응보다는 장기적 차원의 전략적인 대응이 필요하다.

> **화내기 process**
>
> **1** 화가 나기 시작하는 순간을 알아채기 : 3초간 멈추고 이성의 뇌를 작동한다.
>
> **2** 화가 나는 자신의 감정을 인정하기 : 화는 나쁜 것이 아니라 당연한 것이다.
>
> **3** 감정의 원인 찾기 : 화내기 전에 진짜 원인을 찾아야 제대로 표현할 수 있다.
>
> **4** 솔직하게 표현하기 : 단호하게 표현하고 원인을 함께 알려서 재발을 막는다.

| 그때, 나는 왜 그렇게 화가 났을까? |

A 하아… 정말 머리가 터져버릴 것 같았어요.

B 그때, 어떤 생각이 드셨어요?

A 화가 났어요.

B 왜 그렇게 화가 나셨어요?

A 그놈이 그따위로 나오는데 화가 안 날 수가 있어야죠!

실제 대화에서는 여기에 몇 마디가 더 보태지기도 하지만 감정을 묻고 답하는 대화의 패턴은 거의 이와 비슷하게 시작된다. A가 생각을 묻는 말에 B는 '화'라는 감정 단어로 대답하고, A가 다시 생각을 묻자 B는 '그놈의 그따위 행동'이라는 사건으로 돌아갔다. 생각과 감정, 행동이 서로 영향을 주고받으면서 경험이 구성되는데, 이때 우리 뇌는 매번 생각하는 수고를 덜기 위해 '생각의 틀'을 만든다. 일종의 예측 시스템을 만들어놓고 모든 상황을 거기에 대입하여 편리하게 생각하는 것이다.

심리학에서는 이것을 '자동적 사고automatic thoughts'라고 부른다.

　덕분에 복잡한 '생각'은 건너뛰고 바로 '감정'반응으로 넘어가더라도 자신은 합리적으로 판단했다고 믿게 된다. 겉보기에 꽤 합리적으로 보이는 이 예측 시스템은 부정적인 상황에도 마찬가지로 적용된다. 그렇다면 부정적인 편견과 인지 왜곡을 의식적으로 알아차리고, 이것을 수정하면 이 예측 시스템이 오작동하는 것을 막을 수 있다는 결론을 얻게 된다. 이것이 바로 '인지 치료'의 기본 원리다. 그러나 기본 원리를 아는 것만으로 문제가 쉽게 해결되지는 않는다. 이번 단락에서는 이제껏 하나로 뭉쳐져 있던 '감정'과 '생각'을 의식적으로 분해하는 연습을 해보려고 한다.

　생각을 정리하는 것은 앞서 감정을 털어놓았던 과정만큼이나 어렵다. 생각을 들여다보는 것이 긁어 부스럼을 만드는 괜한 일처럼 느껴지기도 한다. 그러나 생각을 정리하는 습관이 생기면 쓸데없이 괴로운 일이 확실히 줄어든다. 감정과 생각을 분리하는 연습을 반복하면 생각 습관을 재구성할 수 있는데, 코치나 상담사의 도움을 받아 이 과정을 구체화하거나 '감정 일기'를 쓰는 것도 좋은 연습이 된다. 다음 단락에는 간단한 사례와 함께 '감정 일기'를 쓰는 방법을 적었다. 먼저 다음의 두 사건에서 일어나는 생각과 감정의 변화를 살펴보자.

벤처기업을 운영하는 S는 바쁜 일정에도 불구하고 약속 시간에 늦는 법이 없다. 약속 시간을 지키는 것이 신뢰의 기본이라고 생각하기 때문이다. 반면 거래처 K 부장은 제대로 시간을 지키는 일이 없다. 미팅 직전에 전화로 약속 시간을 늦춘 것이 이번으로 벌써 세 번째다. 수화기 너머로 정신없이 울리는 깜빡이 경고음과 함께 통보하듯 약속 시간을 30분이나 미뤘다. K는 도착하자마자 머쓱하게 한 번 웃고는 바로 본론을 꺼냈다. S는 이렇게 무시당하면서까지 이 업체와 계속 거래를 해야 할지를 고민하느라 꽤 괜찮은 그의 제안이 제대로 들리지 않았다. 내키지 않는 마음으로 대화를 나누다 보니 예상보다 늦게까지 합의점을 찾지 못했지만, S는 다음 일정 때문에 어쩔 수 없이 조금 손해 보는 선에서 타협하기로 했다.

아쉬운 거래를 뒤로하고 헐레벌떡 약속 장소에 도착한 시각이 5시 55분. 다행히 여자친구와의 약속 시간 5분 전이다. 혹시나 하는 마음에 여자친구에게 전화를 걸었는데 신호음이 몇 번 울리더니 그대로 전화가 끊겼다. S의 여자친구는 프리랜서 작가다. 항상 밤샘 작업을 하다 보니 밤낮이 바뀌어 이른 시간에 약속을 잡으면 종종 늦을 때가 있다. 그때마다 자느라 알람을 못 들었다는 것을 보면 역시 '미인은 잠꾸러기'라는 말에는 일리가 있다고 생각했다. 다시 걸려온 전화의 수화기 너머로 우당탕 물건 쏟아지는 소리가 들렸다. S는 자기에게 예쁘게 보이려고 허둥지둥 머리 손질을 하고 있을 귀여운 여자친구의 모습이 떠올라 웃음이 났다. 30분쯤 지나서 약속 장소에 도착한 여자친구는 미안해서 제대로 눈도 마주치지 못하고 우물쭈물했다. 그 모습을 보니 안쓰러워 앞으로는 더 잘해주어야겠다는 생각이 들었다.

뻔뻔한 K 부장   귀여운 여자친구

시간 약속을 중요하게 생각하는 S에게 같은 날 두 가지 사건이 벌어졌다. 비슷한 상황이지만 그의 감정과 행동은 전혀 다르게 나타난다. K와의 미팅에서 객관적인 사실은 '그가 늦었다'는 것이다. 그런데 S는 이러한 사실에 생각을 더한다. 실제로 갑의 위치에 있는 K가 매번 늦는 것은 그가 자신을 무시하기 때문이라고 생각했다. 그는 화가 나서 감정적으로 대화를 이어갔고 결국은 만족스러운 거래를 성사시키지 못했다. 이처럼 감정을 만드는 것은 상황 자체가 아닌 상황에 대한 해석이다. 이것을 달리 말하면 부정적인 생각을 바꾸어서 부정적인 감정과 행동으로부터 벗어날 수 있다는 의미가 된다.

흔히 말하는 '부정적으로 생각하지 말고, 긍정적으로 생각하라.'는 조언이 '인지치료'의 쉬운 말 버전이다. 사람들은 저마다 생각과 감정의 기본 통로를 가지고 있다. 이것이 앞서 말한 '자동적 사고'인데, 매번 다른 일로 화가 나는 것 같지만 그 감정을 들여다보면 같은 생각이 작용하는 경우가 많다. '나는 무시당할 만한 사람'이라는 생각이 기본값으로 세팅되어 있다면 그 기본값을 수정하는 것이 먼저다. 잘못된 기본값으로 계속 결과물을 산출하다 보면 생각 시스템이 굳어져 나중에는 정말로 수정하기가 어려워진다. 막연하게 자존감을 키우라고 조언하려는 것이 아니다. 좋게좋게 생각하라고 부추기려는 것은 더더욱 아니다. 다만, 사건의 해석이 '자동적 사고'를 거쳐 부정적인 감정으로 흐르는 것을 막으려는 것이다. '감정'에서 '생각'을 분리해내려는 시도만으로도 화가 나고 억울한 일이 줄어든다. 위 사례를 정리하면 S의 입장에서 K와의 미팅은 다음과 같은 흐름으로 진행되었다.

> 사실 그가 늦었다.
> 생각 그가 나를 무시했다고 생각했다. (사실에 대한 자의적 '해석')
> 감정 화가 났다.
> 행동 대화에 집중하지 못했다.
> 결과 거래가 잘 성사되지 않았다.

이 기본 뼈대에 살을 붙여서 쓰면 '감정 일기'가 된다. 마지막에 행동과 결과를 함께 적으면 다음번에 비슷한 경우를 만났을 때 결과를 예측하고 훨씬 이성적으로 대응할 수 있다. 하지만 만일 같은 행동을 반복하더라도 실망할 것은 없다. 이렇게 생각을 짚어보는 이유는 다시는 그런 행동을 하지 않겠다는 다짐이 아니다. 다음번에는 자동 사고에 조종당하지 않고 일단 생각을 멈추는 것으로 충분하다. 일단 멈추면 다시 생각할 수 있는 여지가 생기고 부정적인 생각에 휘둘리지 않을 수 있다. 감정의 흐름을 바로잡아 마침내 자신이 원래 가려던 방향대로 움직일 수 있게 된다.

감정은 자신이 원하는 바와 밀접하게 연결되어 있다. 기대가 충족되었을 때와 기대가 무너졌을 때 우리는 정반대의 감정을 느낀다.

욕구가 충족되었을 때의 느낌

벅찬, 편안한, 당당한, 열정적인, 활기찬, 충만한, 기쁜, 기대에 부푼, 생기가 도는, 짜릿한, 즐거운, 뭉클한, 낙천적인, 자랑스러운, 홀가분한, 흥분되는, 놀라운, 감사한, 정겨운, 안심되는

욕구가 충족되지 않았을 때의 느낌

짜증 나는, 염려스러운, 혼란스러운, 실망스러운, 낙담한, 당황한, 창피한, 좌절스러운, 막막한, 무기력한, 초조한, 성가신, 외로운, 긴장한, 숨 막히는, 어쩔 줄 모르는, 떨떠름한, 슬픈, 불편한

출처 : 마셜 로젠버그의 'NVC, 비폭력 대화 nonviolent communication'

마셜 로젠버그Marshall B. Rosenburg는 그의 저서 〈NVC, 비폭력 대화 nonviolent communication〉에서 감정을 일으키는 서로의 욕구를 알아차림으로써 진정한 유대감이 만들어진다고 말한다. 무너진 기대감이나 욕구를 알아차리면 신기하게도 분노가 사그라든다. 화가 난 사람들의 이야기를 가만히 들어주면 이내 누그러들기도 하는 것처럼 자신의 감정

을 알아차리면 욕구불만으로 터져 나오려던 화가 잠잠해지기도 한다. 비폭력 대화에서는 내면의 욕구를 살피기 전에 상황을 평가하거나 분석하지 않고 있는 그대로 서술하도록 하는데, 이 과정이 감정과 생각을 분리하는 연습에 매우 도움이 된다. 위의 사례를 여기에 대입해보면 다음과 같다.

> 판단　"(늦어놓고 전화로 통보하다니 나를 무시하는군.) 아.. 괜찮아요.."
> 사실　"약속 시간 10분이 지났어요."

여기 화가 났을 때 단호하게 말하는 기술이 숨어있다. 무시했다고 '생각'하면 화가 나서 선뜻 말을 꺼내기가 어렵고 불편한 상황을 피하려다 보니 '괜찮아요'를 남발하게 된다. 반면 판단을 빼고 객관적인 상황을 설명하면 상대방을 비난하지 않고도 단호하게 문제 상황을 지적할 수 있다. 상황을 설명할 때는 마치 비디오 판독을 하듯 눈으로 확인이 가능한 사실인지를 생각해 보면 도움이 된다. 화내는 기술은 자신이 겪은 불편함을 상대방에게 되갚아주려고 감정적으로 퍼붓거나 비아냥거리며 상대의 속을 뒤집는 기술이 아니다. 소위 '할 말 다 하는 사람'은 무턱대고 큰소리치지 않는다. 자신을 불편하게 만든 문제 상황을 정확하게 인식하고, 그것을 객관적으로 설명하여 같은 일이 반복되지 않도록 쐐기를 박는다.

비폭력 대화 NVC, Nonviolent Communication 4단계

1 관찰 평가하지 않고 있는 그대로 표현

2 느낌 관찰에 대한 자신의 느낌을 표현

3 욕구 느낌을 만드는 내면의 욕구 표현

4 부탁 원하는 것에 대한 구체적인 부탁

'비폭력 대화'에서 자신의 감정을 생각과 분리하는 것만큼 어려운 부분이 4단계 '부탁'이다. 항상 남을 배려하는 데 익숙한 사람은 무엇인가를 요청하는 것이 특히 어렵게 느껴지기 마련이다. 먼저 말을 꺼내기가 불편해서 마지막 '부탁' 단계에 오면 말하지 않아도 상대방이 먼저 알아주기를 바라는 마음이 꿈틀거리기 시작한다. 하지만 말하지 않으면 상대방은 영영 모른다. 좋은 사람이 되려고 일방적으로 맞춰주다가 혼자 실망하지 말고, 원하는 것을 제대로 표현하며 상대방과 서로 의견을 나누는 연습이 필요하다.

| 감정 일기, 나흘간의 마음 수련 |

누군가에게 고민을 털어놓고 나서 '지금 내가 이 말을 괜히 한 게 아닐까?' 후회할 때가 있다. 한참 하소연을 하다 보면 기분이 나아지기는커녕 오히려 자괴감에 빠지기도 한다. 어디에도 말 못 할 고민거리를

어렵게 털어놓았다가 웃음거리가 되는 경우도 있다. 이런 일이 몇 번 반복되면 누군가와 생각을 공유하는 것이 점점 불편해지고 그때부터 우리는 감정을 숨기게 된다. 그런데 부정적인 감정은 제때 처리하지 못하면 절대로 그냥 없어지는 법이 없다. 잠시 잠잠해진 것 같다가도 어떤 식으로든 다시 나타난다. 이따금 필요 이상으로 화가 치솟거나 갑자기 슬퍼지는 이유는 부정적인 감정들을 제대로 처리하지 않고 방치했기 때문이다. 저널 테라피journal therapy는 이처럼 겉으로 드러내기 어려운 감정을 다룰 때 특히 유용한 감정처리의 기술이다.

저널 테라피의 창시자 제임스 페니 베이커James W. Pennebaker는 20년간 글쓰기를 통한 정서 치료를 연구했는데, 힘든 경험에 대한 자신의 감정을 하루에 20분씩 연속해서 3~4일간 글로 쓰면 감정 조절 능력이 향상됨은 물론 신체의 면역기능이 좋아지고 학습능력이 높아지는 것을 발견했다pennebaker, 1996, 2004. 이후 페니 베이커의 '표현적 글쓰기'를 발전 시킨 다양한 형태의 저널 치료가 임상에서도 널리 활용되기 시작했다. 저널 테라피는 일기와 비슷하지만 사건을 기술하기보다는 내면의 생각과 감정에 집중한다.

저널 테라피는 상담사 앞에서 사적인 이야기를 꺼내거나 코치에게 난감한 질문을 받지 않아도 된다는 점에서 심리적 부담이 적다. 더불어 누군가에게 의존하지 않고 스스로 문제를 살피고 해결하면서 자기효능감이 높아진다. 혼자서 글을 쓰다 보면 아무리 자신에게 엄격한 사람이라도 슬그머니 자기편을 들어주려는 마음이 생기거나 반대로 현실을 직시하고 단호해지는 용기가 생기기도 한다. 그렇게 자신을 수용하는 경험이 쌓이다 보면 나중에는 굳이 펜과 종이를 꺼내지 않아도 자신의 기분을 알아채고 공감하고, 위로하는 새로운 사고 패턴이 만들어진다. 우울할 때마다 상담 센터에 일일이 예약하지 않아도 되는 것은 물론이다. 그런데 여기에는 몇 가지 주의사항이 있다.

- 한 번에 20분 이상 쓸 것
- 3~4일을 연속하여 쓸 것
- 문법과 필체에 신경쓰지 않을 것
- 감정을 최대한 상세히 기술할 것
- 쓴 글을 다시 읽을 때는 다른 관점을 적용해 볼 것

다만, 써놓은 글이 그럴듯하다고 해서 잘 다듬어 문장으로 남기겠다는 욕심은 내려놓자. 일부 기법은 '공감 경험'을 위하여 마지막에 타인과 글을 공유하기를 권하기도 하지만 처음에는 혼자 쓰면서 솔직한 감정을 표현하는 것이 무엇보다 중요하다. 쓴 글을 다시 읽을 때는 다른 관점으로 읽어보는 것이 좋다. 관찰자의 시선으로 자신을 보아도 좋고, 자신과 같은 고민을 가진 누군가를 떠올려보는 것도 도움이 된다. 당시에 상대방의 입장은 어땠을지도 조심스럽게 헤아려보자. 상대방에게 무조건 유리한 입장을 내주지 않아도 좋다. '아, 그랬구나.'로 시작하는 꼬리 글로 가상의 인물에게 피드백을 남겨보는 것도 좋은 방법이다. 자

신이 쓴 글을 여러 가지 관점으로 다시 읽다 보면 글을 쓸 때의 그 마음이 문득 느껴지기도 하는데 이때도 가공하지 않은 투박한 그대로의 감정을 적어두면 자신을 돌아보는 데 훨씬 도움이 된다.

　그러나 저널을 쓰고 난 직후에 곧바로 후련함을 느끼게 되는 것은 아니다. 잘 만들어진 영화를 보면서 화가 나거나 눈물이 쏟아졌다가도 영화가 끝나고 엔딩 크레디트가 올라올 때쯤이면 마음이 다시 차분해진다. 일종의 카타르시스다. 영화감독과 배우가 시나리오를 진짜처럼 느껴지게 하려고 아무리 애를 써도 자신이 직접 겪은 분노와 슬픔에는 비할 바가 못 된다. 마찬가지로 저널을 쓰고 나서 한동안 분이 풀리지 않거나 하염없이 눈물이 나기도 한다. 이런 복잡한 감정은 성찰하는 시간을 통해 치유된다. 회복을 위한 글쓰기는 다이어리에 그날의 일들을 빼곡하게 적어두는 것과는 조금 다르다. 다 쓴 뒤에 감정을 정리할 수 있는 시간을 미리 확보하는 것이 무엇보다 중요하다. 그렇지 않으면 감정을 정리하겠다고 쓰기 시작한 글이 오히려 긁어 부스럼을 만들게 된다.

　글을 쓰다가 감정 몰입이 지나쳐서 힘들다면 글쓰기를 바로 중단하는 것이 좋다. 내가 처음 저널 테라피를 경험한 것은 '아티스트웨이'라는 모임에서 '모닝 페이지'를 쓸 때였는데, 처음 몇 주간은 너무 몰입하는 바람에 매일 아침이 말할 수 없이 고통스러웠다. 일단 시작했으니 끝을 보겠다고 오기를 부렸는데 지나고 보니 '모르는 게 병'이었다. 이후에 찾아낸 대부분의 자료는 감정이 과도하게 북받치는 경우 글쓰기를 바로 중단하기를 권했다. 글이든 말이든 감정만 늘어놓으면 전개가 극으로 치닫는다. 이때는 객관적인 '사실'과 '생각'을 함께 적으면 상황과 거리를 둘 수 있게 된다. 여기서 '생각'은 '사실'에 대한 나의 해석을 말하는데, 이전 단락 〈나는 왜 그렇게 화가 났을까?〉에 이와 관련한 간단한 사례를 적어두었다.

혼자 감정을 꺼낼 수 있게 되었을 때 누군가와 그것을 나누면 치유에 가속도가 붙는다. 불의의 사고로 배우자를 잃은 사람들을 대상으로 '감정 노출의 정서적 치유 효과'를 연구한 한 실험이 있다. 이 실험에서 배우자를 잃은 슬픔에 관해 누군가와 지속적으로 이야기를 나눈 사람들은 대조군에 비해 좀 더 빠르게 감정을 회복했으며, 이듬해에는 오히려 더 건강해지기까지 했다. 말미에 맥빠지는 말일지 모르지만 말할 수 있다면 글로 쓰지 않아도 좋다. 얼마나 솔직하게 자신의 감정을 드러낼 수 있는 지가 관건이다. 그러나 우리가 자신에게 먼저 솔직해지는 것이 얼마나 어려운지는 스스로가 가장 잘 안다. 괜찮다고 말해보라고 자신을 다독이며 노트를 펼치고 한참 동안 볼펜을 굴려야 겨우겨우 한마디씩 한 문장씩 속마음이 밀려 나온다.

'아티스트웨이'를 함께 보낸 동료들은 그때 모이던 아지트를 '세이프 티존safety zone'이라고 불렀다. 힘든 기억을 함께 나눌 수 있는 누군가가 가까이 있다는 것은 그 자체로 우리에게 안정감을 준다. 이 가까움은 물리적인 거리만을 의미하지 않는다. 누군가와 심리적 안전지대를 공유할 때 '저널 테라피'의 효과는 극대화된다. 다른 사람에게 말할 수 있다는 것은 자신에게는 이미 솔직했고, 그런 자신의 모습을 스스로 수용했다는 의미다. 그러면 이 세상 누구보다 진심으로 내 편인 '나 자신'으로부터 가장 먼저 위로를 받는다.

| 에너지 뱀파이어를 떠나는 방법 |

사람들은 솔직하게 감정을 공유할 때 서로 가깝다고 느끼며 그 솔직함이 관계를 더 돈독하게 만들어 준다. 그러나 일시적인 위안을 얻기 위해 일방적으로 쏟아내는 분별없는 감정은 오히려 관계에 독이 된다.

L은 불시에 전화를 걸어 대성통곡하는 선배 S를 생각하면 마음이 무겁다. 늘 자신만만해 보이는 선배가 힘들 때마다 자기를 떠올려주는 것이 고맙기도 했지만, 힘든 일이 있거나 뭔가를 하소연할 때만 연락하는 선배에게 가끔 서운한 생각이 드는 것도 사실이다. S는 그녀에게 늘 '고맙다', '너밖에 없다'고 말하지만, 그 자리에는 자신이 아닌 누구라도 아무 상관이 없을 것 같았다. 가만히 듣고 있다가 조심스럽게 조언을 하거나 다른 이야기를 꺼내면 선배는 더 비참한 사연으로 그녀를 옴짝달싹 못 하게 만들었다. L은 선배의 전화벨이 울릴 때마다 마치 20년 전, 수능이 끝나고 교실마다 공포 영화 '링'을 틀어놓았을 때 맨 앞자리에서 꼼짝없이 버텨야 했던 공포가 되살아나는 것 같았다.

그녀는 평소에도 남의 이야기를 잘 들어주는 편이라 고민 상담을 해오는 지인들이 많다. 며칠 전에는 친구가 외근을 나왔다며 전화로 남자친구의 험담을 늘어놓았다. 근무 중이라 길게 통화하지 못하고 전화를 끊었는데 시간 날 때 연락 달라는 메신저 알람이 쉴 새 없이 깜빡거리는 바람에 L은 종일 마음이 무거웠다. 일을 마치고 녹초가 되어 집에 들어서자마자 친구에게서 다시 전화가 왔다. 친구는 퇴근하고 시간도 많으면서 왜 다시 전화하지 않았느냐고 따져 묻는다.

다른 사람들에게 자신의 약한 모습이 드러나는 것을 꺼리면서 누군가에게는 그런 이야기를 거침없이 쏟아낸다면 그는 상대를 소위 '감정 쓰레기통'쯤으로 생각하고 있는지도 모른다. 브레네 브라운Brene Brown은 그녀의 저서 〈대담하게 맞서기Daring Greatly〉에서 상대방의 반응이나 피드백을 고려하지 않고 감정을 쏟아내는 것을 '감정 배설'이라고 표현했다. 그녀의 말에서 느껴지듯 막무가내로 표출된 감정은 아무짝에도 쓸모가 없다. 이렇게 일방적으로 퍼붓는 말과 행동은 폭력이다. 이때 감정 폭행의 가해자를 우리는 흔히 '에너지 뱀파이어'라고 부른다.

'에너지 뱀파이어'는 상대방의 시간과 에너지를 빼앗는 것으로도 모자라 그것이 마치 자기 것인 양 당당하게 요구한다. 취업 준비 중인 동기에게 직장 생활 스트레스를 쏟아내는가 하면 모태솔로인 친구에게 남자친구와 헤어지게 되었다고 대성통곡을 한다. 다음 날 걱정이 되어 다시 연락하면 대개는 묵묵부답이지만 프로필에 올라온 데이트 사진을 보면 반복되는 레퍼토리를 쉽게 짐작할 수 있다. 이들에게는 단지 복받

친 감정을 쏟아 낼 '감정 쓰레기통'이 필요할 뿐이어서 현실적인 조언에는 귀를 닫고 무조건 공감을 요구하기 일쑤다. 게다가 부정적인 감정은 전이가 빨라서 그들이 감정을 쏟아내며 카타르시스를 느끼는 짧은 순간에도 희생자는 금방 기운이 빠진다.

이런 상황을 눈치챘을 때 가장 먼저 해야 할 일은 무엇일까? 다름 아닌 '대화'이다. 꽉 막힌 상대라고 생각하면 선뜻 말을 꺼내기가 쉽지 않을 것이다. 하지만 말이 통하는지 아닌지는 말을 해 봐야 알 수 있다. 상대가 문제를 전혀 인식하지 못한다면 어떤 식으로든 먼저 이야기를 꺼내어 관계가 개선될 수 있는 여지를 만들어야 한다. 만일 상대방이 두 사람의 관계를 소중하게 생각한다면 진지하게 자신의 행동을 돌아볼 것이고, 단지 감정을 쏟아 놓을 도구로 당신을 이용한 것이라면 쓸모없어진 관계에 무심한 반응을 보이거나 반대로 관계 파탄의 책임을 지지 않으려고 피해자 코스프레를 시작할지도 모른다.

이런 위험을 무릅쓰고서라도 대화를 시작해야 하는 데는 두 가지 이유가 있다. 먼저 괜한 오해로 상대방을 단정 짓지 않기 위해서다. 단지 위로가 필요한 사람을 '에너지 뱀파이어'로 착각하는 바람에 오랫동안 지켜온 관계가 깨질 수도 있다. 어쩌면 지금 나에게는 다른 사람에게 마음 쓸 만큼의 여유가 없는 것일지도 모른다. 혹은, 상대방이 너무 힘든 나머지 미처 나를 배려하지 못한 것일 수도 있다. 관계에서 불편한 마음이 생길 때는 언젠가 누군가에게 대가 없이 받았던 위로를 떠올려

보면 마음의 여유가 생긴다. 그 마음으로 상대방에게 솔직하게 이야기하면 된다. 용기 내 불편한 마음을 털어놓는 것도 관계를 지키기 위한 노력이다.

이렇게 용기를 내야 하는 두 번째 이유는 태도를 분명히 하기 위해서다. 어떤 관계도 단절이 해답이 될 수는 없다. 게다가 어려운 관계일수록 복잡하게 연결되어 있어서 쉽게 끊으려야 그럴 수 없는 경우가 더 많다. 이때는 상대방과의 '정서적 거리 두기'가 도움이 된다. '에너지 뱀파이어'의 호소는 문제를 해결하려는 절실함과는 다르다. 그런데도 상대방에게 도움이 되려고 애를 쓰다 보면 어쩔 수 없이 감정 소모가 커진다. 밑 빠진 독에 물을 부어 억지로 채우려고 하기보다는 흘러가도록 놓아두는 것이 더 나을 때가 있다. 상대를 진심으로 대해야 한다는 생각 때문에 그가 쏟아내는 부정적인 감정을 모두 흡수해버리면 그 관계는 얼마 못 가 무너진다. 사람은 스스로 변한다. 안타깝지만 우리가 할 수 있는 것은 '정서적인 안전거리'를 유지하며 그 사람을 지켜보는 것뿐이다.

만일 이런 일들이 반복적으로 일어난다면 주변의 인연을 정리하거나 관계를 버텨낼 방법을 고민하기 전에 먼저 자신을 돌아볼 필요가 있다. L이 주변 사람들의 '감정 쓰레기통'이 된 데는 나름의 이유가 있다. 누구나 다른 사람의 기대에 어긋나지 않기를 바란다. 다른 사람의 눈치를 보거나 사랑하는 사람을 행복하게 해주려는 마음도 그 근본은 상대를 기분 좋게 해주고 싶은 마음에서 출발한다. 그런데 이것이 지나치면 다른 사람의 기대에 부담감을 느끼거나 상대방을 제대로 위로하지 못한 것 같은 죄책감을 느끼게 되는 것이다. 상대방을 실망시키고 싶지 않다는 생각 때문에 관계에서 위축되기 시작하면 '에너지 뱀파이어'의 무리한 요구에도 쉽게 휘둘리게 된다.

마지막으로 대부분의 어려운 인간관계가 가진 두 가지 반전은 '상대방은 나의 거울'이라는 것과 '나 역시 그럴 수 있다'라는 가능성이다. 에너지가 바닥난 상태에서는 누구를 만나든 '에너지 뱀파이어'가 되기 쉽다. 만일 자신이 다른 사람으로부터 일시적인 위안을 얻는 것에 익숙하다는 생각이 들었다면 내 안의 '에너지 뱀파이어'를 인정하고, 혼자서는 힘든 상황을 도저히 견딜 수 없을 때, 그럴수록 혼자 이겨내기로 단단히 마음먹는 것이 중요하다. 변화는 아주 사소한 것에서부터 시작한다. 누구든 완벽하지 않다는 사실을 염두에 두고 관계 맺기에도 겸손함을 잃지 않는다면 나와 내 주변의 '에너지 뱀파이어'와는 영원히 작별하게 될 것이다.

대화의
원칙

| 대화에도 공식이 있다 |

우리는 매일 다양한 사람들과 다양한 방식으로 소통한다. 단순히 생각을 나누는 것부터 무엇인가를 강력하게 주장하거나 물건값을 흥정하기까지 다양한 형태의 대화를 나눈다. 효과적인 의사소통을 위해서는 반드시 지켜야 할 대화의 원칙들이 있는데 여기서는 화법 논의에서 가장 많이 인용되는 원리인 폴 그라이스Paul Grice '대화의 격률maxim of conversation'을 적용하여 자기 노출의 기술을 살펴보려고 한다.

언어철학자 폴 그라이스Paul Grice에 따르면 사람들은 대화의 목적에 부합하도록 서로 협력하며 대화를 이끌어간다.

그는 이것을 '협력의 원리cooperative principle'라고 이름 붙이고 효과적인 의사소통을 위한 네 가지 기본 원칙을 제시했다.

▎**양의 격률** The maxim of quantity

　information　필요한 정보만 말하라 :: 할 말만 하라

▎**관련성의 격률** The maxim of relation

　relevance　맥락에 맞게 말하라 :: 딴소리하지 마라

▎**태도의 격률** The maxim of manner

　clarity　명확하고 논리정연하게 말하라 :: 똑바로 말하라

▎**질의 격률** The maxim of quality

　truth　진실을 말하라 :: 거짓말하지 마라

*maxim - 원칙, 원리 / 철학에서 말하는 최대 전제

그라이스는 여기에 중요한 예외 조항 한 가지를 덧붙였는데, 그는 말하는 사람이 의도적으로 격률을 어기는 것을 '대화 함축'으로 따로 구분하고 '대화 함축'에 드러난 상대방의 마음을 이해할 때 진정한 소통이 이루어진다고 말한다. 그라이스의 '대화의 격률'에서는 절대 어기면 안 되는 규칙을 강요하지 않으며 오히려 맥락과 상황을 고려한 융통성 있는 대화법을 제시한다. 대화의 원칙을 지키는 것만큼이나 중요한 것은 대화하는 사람의 마음가짐이다.

| 관계 맺기에도 준비운동이 필요하다 |

양의 격률 The maxim of quantity : Information

　필요한 만큼의 정보를 주고받을 때 대화의 효율성이 높아진다. 불필요한 정보를 말하거나 반대로 최소한의 정보도 주지 않는 것은 양의 격률을 어겨 대화가 효율적으로 이루어지는 것을 방해한다. 양의 격률을 지키지 못할 때 대화는 지루하거나 부담스러워진다. 아무리 쾌활한 수다쟁이라도 함께하는 시간이 길어지면 지루하고, 과묵한 사람과는 쉽게 가까워지기 어려운 것도 이들과의 대화에서는 양의 격률이 제대로 지켜지지 않기 때문이다.

　'안 물어봤고, 안 궁금해요.'라는 말을 면전에서 듣는다면 어떤 느낌일까? '안물안궁안 물어봤고, 안 궁금해요'이라는 표현이 실제 대화에서도 심심치 않게 등장한다. TMIToo Much Information너무 자세히 말하지 않아도 됩니다라며 상대방의 말을 막아서더라도 가까운 사이에서는 그렇게 큰 흠이 되지 않는다. 오히려 대화를 지루하게 만든 상대방에게 책임을 묻는 것처럼 느껴지기까지 한다.

　대화에서 자신의 감정이나 생각, 혹은 사실을 어디까지 노출할 것인가 하는 문제는 대부분 말하는 사람에 의해 일방적으로 결정되기 때문에 한쪽에서 이야기하는 동안 다른 한쪽은 꼼짝없이 듣고 있어야 하는 경우가 많다. 그래서 일방적인 자기 노출은 지루한 수다나 하소연으로 끝나기가 쉽다. 이때 듣는 사람이 비슷한 수준의 자기 노출로 이야기를 이어간다면 대화는 자연스럽게 양의 격률을 지키게 되지만 한쪽에서 상대를 배려하지 않고 지나치게 깊은 수준의 이야기를 꺼내면 상대방은 적당한 말을 찾지 못해 난감한 상황을 겪게 된다.

"제가 처음 발견했어요. 엄마가 그렇게 된 걸요."

H가 일하는 아동보호 센터에는 누구든 처음 만나는 사람에게 습관처럼 아픈 가족사를 털어놓는 한 아이가 있었다. 그 아이는 8살 때, 어머니가 스스로 목숨을 끊은 것을 눈앞에서 목격했고, 그 일로 충격을 받아 오랜 기간 동안 심리치료를 받고 있었다. 갑작스러운 이야기에 새로 오신 자원봉사자 선생님들은 모두 놀라는 기색이 역력했다. H도 몹시 당황스러운 것은 마찬가지였다. 일 순간에 오만 가지 생각이 머릿속을 스쳐 갔다.

위로해야 할까?

내 얘기를 해야 하나?

시험이 코앞이니 대수롭지 않은 척 수업을 해야 할까?'

"아이~차암~ 선생님은 처음 봤는데도 오랫동안 알고 지낸 사람처럼 편해요. 아무튼 전 선생님이 너무너무 좋아요." 아이가 웃으며 손사래를 친 덕분에 다행스럽게도 대화는 거기서 일단락되었다. 하지만 그날 H는 아이의 사연을 듣자마자 당황하여 허둥지둥 하기까지 했으니 그들의 첫 만남이 그렇게 성공적이지는 않았던 것 같다. 검정고시가 끝나고 헤어지던 날 서로 부둥켜안고 펑펑 울면서 둘의 관계는 해피엔딩으로 끝났지만 그 당시 관계에 서툴렀던 그들은 그렇게 첫 시행착오를 겪었다.

그 아이는 왜 처음 보는 H에게 그런 말을 했을까?

　많은 사람들이 의미심장한 이야기나 비밀스러운 사생활을 나누는 것이 친밀함의 기준이라고 오해한다. 앞서 상대방을 '안다'는 것이 사적인 정보를 얼마나 알고 있는가의 여부와는 크게 관련이 없다는 것에 관해 이야기 나눈 바 있다. 마찬가지로 가까워지기도 전에 무작정 꺼내놓은 비밀스러운 이야기가 친밀한 대화를 보장하지는 않는다. 한쪽에서는 큰맘 먹고 속내를 털어놓았다고 생각하겠지만 자신도 모르는 사이에 상대방에게 당신도 한 가지쯤 비밀스러운 이야기를 꺼낼 때가 되지 않았느냐고 은근히 강요하는 셈이 되고 만다.

　친밀감과 관계지수를 연구한 한 실험에서 사람들은 자신이 친하다고 생각하거나, 혹은 친해지고 싶다고 생각하는 대상에게는 한순간에 모든 경계를 허무는 태도를 보였다_{김경희, 2003}. 이것은 자신이 친밀감을 느끼는 대상이 자신과 같은 생각을 할 것이라고 믿는 자기중심적인 사고방식에서 시작된다. 이러한 자기중심적 관계 맺기는 비단 경험이 적고 관계에 서툰 사람들에게만 일어나는 일은 아니다. 사람들은 서로의 경계를 넘나들며 관계가 깊어지는데 이처럼 자신의 경계가 쉽게 무너지는 사람들은 그만큼 관계에서 상처받기도 쉽다. 서로를 배려하는 관계 맺기에는 준비운동이 필요하다. 이것이 양의 격률의 전제가 되는 '상호 교류의 맥락the current purposes of exchange'이다.

| 친절한 상담사의 답답한 연애상담 |

대화에서 질문과 피드백이 얼마나 중요한지에 관해서는 의심의 여지가 없다. 요즘은 어디서나 자기 이야기를 하려는 사람들로 넘쳐서 그틈에서 시달리다 보면 역시 최고의 미덕은 경청이라는 생각이 절로 들기도 한다. 그런데 모든 대화에서 자기 얘기는 하지 않고 질문과 피드백만 하는 상대를 만난다면 어떨까? 아마 수다쟁이보다 강적을 만났다는 것을 금세 깨닫게 될 것이다.

L은 최근 친한 친구에게서 전화를 한 통 받았다. 학교에서 심리상담사로 일하는 G였다. 그녀는 동창들 사이에서도 항상 다른 사람의 이야기를 잘 들어주는 착한 친구로 통한다. 그런 그녀가 상담 심리를 전공하고 학교에서 상담사로 일한다고 했을 때 동창들은 하나같이 이거야말로 그녀의 천직이라고 입을 모았다. 그런 G가 마음이 힘들다며 전화로 어렵게 운을 떼었다.

만난 지 얼마 되지 않은 남자친구가 갑자기 헤어지자고 말했다는 것이다. 아무리 생각해도 이유를 알 수 없고 당사자에게 물어보려니 용기가 나지 않아서 G는 그를 소개해 준 지인에게 이유를 물었다고 했다. 그랬더니 그가 가식적인 사람과는 더이상 만나고 싶지 않다고 말했다는 것이다. 누구에게나 상냥하고 늘 다른 사람을 배려하는 그녀가 가식적이라니 누가 들어도 기가 찰 노릇이었다. 대체 그 남자는 어째서 말도 안 되는 핑계로 헤어지자고 말했을까를 고민하다가 L은 문득 떠오르는 것이 있었다.

G에게는 특이한 습관이 하나 있는데, 처음 만나서 한동안은 같이 있어도 도통 자기 얘기를 하지 않는다는 것이다. 아마도 남자 친구의 어떤 질문에도 그녀의 대답은 "아, 그렇죠? 저도 마찬가지예요. 호. 호. 호."의 수준을 크게 넘지 않았을 것이다. 그러고 보니 친구들 사이에서도 그녀의 말은 언제나 질문과 공감이 대부분이었다. 이따금씩 그녀가 평소보다 격하게 공감할 때, 상대방은 자신이 웅변이 아닌 대화를 하고 있다는 것을 느낄 수 있을 정도였다. G는 상담실에서 만나는 사람들에게 언제나 자신의 감정에 솔직해야 하며 자신의 의견을 표현할 수 있어야 한다고 말하지만 정작 자신은 이와는 정반대의 인생을 살고 있는 듯했다.

　　항상 듣기만 하면서 감정노동을 자처하는 것은 그녀에게 일종의 직업병이다. 습관적으로 듣는 사람의 역할에 충실하려다 보니 때에 따라서는 이 선한 배려가 상대방에게 오히려 거리를 두는 것처럼 느껴지기도 한다. 마치 드라마 명대사처럼 '나는 선생이고, 너는 학생이야.'라며 관계에 선을 긋는 것 같은 생각도 든다. 한쪽에서는 서로의 이야기를 나누고 싶은데 상대방에게서는 관계로 연결되고 싶은 마음이 느껴지지 않으니 마음이 상할 만도 하다. 그는 그런 마음을 '가식적인 사람'이라는 볼멘소리로 표현한 것일지도 모른다.

　　대화는 말하는 사람과 듣는 사람의 역할이 교대로 바뀌는 과정에서 자연스럽게 '양의 격률maxim of quantity'이 지켜진다. 이때 의도적으로 대화의 주도권을 상대에게로 미루는 일이 반복되면 그것은 상대방에게 배려로 인식되지 않는다. 관계 맺기에서 경청만큼 중요한 것은 서로를 드러내고 수용하는 과정을 함께 나누는 것이다.

| K 대를 캐묻지 마세요 |
관련성의 격률 The maxim of relevance : Relevance

관련성의 격률에 따르면 대화가 효율적으로 이루어지기 위해서는 무엇보다 맥락에 맞게 말하는 것이 중요하다. 그런데 간혹 의도적으로 맥락과 무관한 이야기를 하는 경우가 있다. 이것을 폴 그라이스는 '대화 함축Conversational implicature'의 원리로 설명한다. 여기서 키워드는 '배려와 공감'이다. 명확한 표현에도 다소간의 함의가 있기 마련인데, 심지어 의도적으로 맥락을 벗어나는 말을 할 때는 분명 그만한 이유가 있다.

P의 직장에는 K 대학 출신의 상무가 있다. 최연소 승진을 거듭하여 젊은 나이에 임원이 되었지만, 그에게는 한 가지 콤플렉스가 있다. 바로 그가 지방대 출신이라는 점이다. P와는 업무상 동석하는 자리가 많았는데 편안하게 대화를 잘 이끌어가다가도 유독 학벌과 관련한 이야기만 나오면 엉뚱한 말을 중언부언 늘어놓는 것이었다. 그런 대화가 오간 후에는 쓸데없는 일로 꼬투리를 잡아 잠자코 있는 P에게 화풀이하는 일이 다반사다. 같은 대학을 졸업한 P는 히스테릭한 상무의 행동에는 어느 정도 익숙해졌지만, 여전히 그가 이해되지 않는다. 둘은 4년 내내 장학금을 받으며 학교 생활에도 열심이었다. 그런데 P는 항상 모교에 대한 자부심을 느끼는 반면, 상무는 MBA 코스를 돌며 학벌을 만회하기 바쁘다. 이런 상무의 행동도 이해하기 어렵지만 따지고 보면 상황을 더욱 난감하게 만드는 것은 중언부언하는 상무에게 이것저것 캐묻는 상대방이기도 했다.

A 아, K대요? 몇 학번이세요?

B 아... 이제 그만 자리를 옮길까요?

　맥락을 읽는다는 것은 상대방의 의도를 읽는 것이다. 가령 상대방이 질문과 상관없는 대답을 한다면 그것은 상황을 피하려는 의도로 미루어 짐작할 수 있다. 그러나 자신의 입장에서만 대화하다 보면 상대방의 의도적인 '대화 함축'을 알아차리지 못하고 원하는 대답을 듣기 위해 상대방을 재촉하거나 캐묻는 실수를 저지르기도 한다. 위의 사례에서도 기분 좋게 맞장구치려던 말이 오히려 상황을 악화시키고 말았다. 대화를 나누는 것은 정보를 주고받는 것 이상의 의미를 갖는다. 배려하는 대화에서는 설령 자신이 대화의 주도권을 잡고 있더라도 상대방의 의도를 주의 깊게 살펴야 한다.

　게다가 너무 많은 이야기를 한꺼번에 하다 보면 대화가 의도하지 않은 방향으로 흐르기도 한다. 대화 도중에 생기는 오해의 대부분은 주제와 무관한 이야기를 끌어들이는 경우에 발생한다. '관련성의 격률'은 특히 업무와 관련된 의사소통에서 대화의 효율성을 위해 반드시 염두에 두어야 하는 원칙이다. 가령 개인적인 의견과 업무상의 요청사항을 섞어서 말하는 경우, 듣는 사람의 주의가 분산되어 맥락을 파악하기 어렵다. 당연히 결과물은 산으로 간다.

M은 직장 생활과 육아를 병행하면서 관련 서적을 여러 권 출간한 워킹맘 블로거다. 어느 날 댓글로 고민 상담을 하면서 친해진 블로그 이웃이 자신이 근무하는 회사에서 특강을 해 달라고 요청해왔다. 구성원 대부분이 여성이어서 그녀의 이야기가 공감을 살 것이라며 당시에 한창 핫이슈였던 '워라벨work life balance'을 주제로 강연을 부탁했다. 워킹맘의 녹록지 않은 현실에 대하여 담당자와 한참 대화를 나누다 통화를 마친 M은 워킹맘으로서의 사명감마저 느끼며 열심히 강연을 준비했다.

강연 당일, 그녀는 예상치 못한 상황에 당황할 수밖에 없었다. 유전체 분야 연구개발팀을 대상으로 하는 특강이었는데 대상자의 대부분이 미혼 여성이었다. 당황한 그녀에게 담당자가 다가와 여성을 대상으로 하는 '워라벨'이라고 눈을 찡긋하며 다시 한번 말했다. M은 잠깐 대기하는 동안 서둘러 장표를 수정하고 무사히 강연을 마쳤지만 하마터면 블로그 이웃을 한 명 잃을뻔했다. 담당자가 이 상황을 미리 알았더라도 그녀의 입장에서는 그저 개인적인 이야기를 몇 마디 한 것뿐인데 억울하기는 서로 마찬가지였을 것이다.

흔히 공적인 대화를 나누는 자리에서는 분위기가 너무 딱딱해지지 않도록 개인적인 이야기를 나누거나, 가벼운 농담을 주고받기도 한다. 이때는 오해의 소지가 없도록 사적인 이야기를 길게 덧붙이지 않는 편이 좋다. 자칫 개인적인 생각이 회사나 팀의 의견을 대변하는 것처럼 비쳐 난감한 상황이 벌어지거나 위의 사례에서처럼 주객이 뒤바뀌어 대화의 맥락이 흐트러지는 경우도 있다. 만약 필요 이상으로 대화가 장황해졌다면 다시 내용을 바로잡거나, 개인적인 의견임을 미리 밝혀두

어야 한다. 맥락을 지켜 말하는 것은 대화의 효율성을 높이는 방법이기
이전에 듣는 사람에 대한 배려다.

| '왜?'라고 물으면 '왜냐하면'으로 답하는 하수 |

전형적인 일 중심 사고방식을 가진 P는 남편과의 대화가 마음먹은 대로 잘 흘러
가지 않아 답답할 때가 많다. 밖에서 사람들을 만날 때는 상대방을 먼저 배려하려고
노력하지만 남편과 대화를 나눌 때면 방심한 탓인지 이런 노력이 어김없이 무너져
버린다.

"진짜 그 사람 왜 그러는 걸까?"라는 남편의 말로 대화가 시작되면, 그녀는 문장
속의 '왜'라는 말에 꽂혀서 반사적으로 이유를 생각하기 시작한다. "내 생각에는, 이
런 것 아닐까?"로 대답을 시작해서 제삼자가 문제를 가장 객관적으로 볼 수 있다는
둥 한참 설명을 한다. 그러다 남편의 싸늘한 눈빛을 알아차린 순간 뭔가 잘못되었음
을 직감하게 되는 것이다. 그도 그럴 것이 20년 차 베테랑 직장인이 퇴근하고 돌아
오자마자 프리랜서 아내에게 직장인 처세술을 물었을 리가 없다. 아차 싶어서 뒤늦
게 공감을 쏟아내고 이런저런 궁색한 변명을 늘어놓지만 때는 이미 늦었다.

일 중심 사고를 가진 사람은 습관적으로 상대방의 말에서 문제 해결
의 단서부터 찾는다. 사고방식은 일부 유전으로 타고나는 데다가 오랜
시간 습관으로 굳어진다. 그래서 의식하지 않으면 자기도 모르게 가장

익숙한 방식으로 대화를 해석하게 된다. '왜?'라고 물었으니 '왜냐하면'으로 대답하는 불상사가 일어나는 것도 이 때문이다. 반대로 감정 중심 사고를 가진 사람은 무엇보다 감정적 '내 편'이 필요하다. 같은 상황에서 사사건건 따지고 드는 상대방이 서운하게 느껴질 수밖에 없다.

실제 대화에서는 무엇보다 감정을 먼저 공유하는 것이 중요하다. 귀로만 들으면 들리지 않던 생각도 상대방을 공감하면 맥락이 읽힌다. '아 다르고 어 다르다'는 말처럼 미묘한 표현으로 뜻이 완전히 달라지기도 하고, 상대방이 단호하게 '아!'라고 말하면서도 속으로는 '어…' 하기도 한다는 것을 어렴풋이 느낄 때도 있다. 대화의 맥락을 읽는 공감은 문장을 이해하는 능력이 아니라 상대방의 감정을 이해하는 것에서 시작된다.

정반대의 상황을 생각해 볼 수도 있다. 상대방이 내 말에 매우 격렬하게 호응해 주어서 기분이 좋았는데 그의 대답을 자세히 듣고 보니 결국 딴소리라면 기분이 어떨까? 차라리 가만히 있는 것이 나았겠다는 생각이 들 수도 있다. 자기 입장에서 상황을 해석하다 보면 상대방의 의도나 맥락을 제대로 파악하기 어렵다. 그래서 나머지 격률을 훌륭하게 지켰더라도 '관련성의 격률'을 어기면 대화는 효율적으로 이루어지지 않는다. 대화에서 '관련성의 격률'을 지키는 것은 얼마나 성의를 갖고 대화에 참여하는가, 그리고 얼마나 깊이 상대를 공감하는가에 달려 있다.

깊이 묻어두었던 자기 이야기를 꺼낼 때 말하는 사람은 본능적으로 자신의 말이 의도대로 받아들여지는지를 살피게 된다. 꺼내놓기 조심스러운 주제일수록 상대방의 반응에 더 민감해진다. 내밀한 자기 노출이 일어나는 대화에서는 듣는 사람도 마찬가지로 조심스럽다. 자신의 당황한 모습이 상대에게 상처가 될 수도 있다는 생각에 솔직한 반응을 숨기기도 한다. 게다가 우리를 당황하게 하는 말들은 대개 비슷한 수준의 이야기로 대응하기 힘든 경우가 많다. 이때는 어설픈 경험담으로 맞대응하기보다는 오히려 침묵을 지키는 편이 나을 수도 있다. 상대방의 이야기를 수용하고 있다는 눈빛과 태도로, 최대한 빠르게 반응하는 것으로 충분하다.

누구도 자신이 원하는 것을 항상 그대로 말하지는 않는다. 몸으로 대화한다는 말이 여기서 나왔다. 상대를 진심으로 대하고 있다면 그 마음을 행동으로 표현하여 상대방이 알게 하는 것도 배려다. 우리는 눈맞춤과 고개를 끄덕이는 단순한 행동만으로도 충분히 상대방을 편안하게 해 줄 수 있다. 상대를 향해 눈을 찡긋하거나 살짝 미소 지을 때, 자신과 비슷한 행동을 무심결에 따라 하는 당신을 보면서 상대는 불안한 마음을 내려놓는다. 이러한 행동은 상대를 단순히 내 편으로 끌어들이기 위한 의도적인 장치라기보다 상대를 배려하는 따뜻한 마음이 저절로 배어나온 것이다.

꼭 의미심장한 대답으로 심각하게 이야기를 끌어가지 않아도 좋다.

상대방은 공감을 얻었다는 느낌만으로 이야기를 털어놓기를 잘했다고 안도하고 있을 것이다. 오히려 적당한 대답을 찾아 우물쭈물하느라 바로 반응하지 못한다면, 상대방은 용기 내어 한 말에 대한 당신의 반응을 보고 크게 실망하거나 앞으로 관계가 진전되는 것을 망설이게 될지도 모른다. 당황스러운 물음에 확실한 대답을 찾느라 머뭇거리기보다는 그 말과 행동이 어떤 의미였을지 한 번 더 생각해 보고 그 속에 담긴 상대의 감정을 따뜻하게 감싸주는 것으로 충분하다.

| 'Latte is a horse'를 대하는 태도 |

'나 때는 말이야'를 읊는 상사의 표정을 직접 본 적이 있는가? 퇴사한 지 수년이 흘렀지만, N은 까마득한 신입사원을 세워놓고 의기양양하던 K의 표정을 잊을 수가 없다. K는 굉장한 일벌레였지만 어떤 이유에서인지 승진에서는 번번이 미끄러지는 비운의 만년 과장이었다. 평소에는 무기력해 보일 만큼 조용하던 그녀도 업무를 지시할 때만큼은 '나 때는 말이야. 이 정도는 일도 아니었다'며 기운이 넘쳐흘렀다. 다행히 N은 그녀와 같은 팀이 아니어서 그녀를 험담하는 무리에서는 슬쩍 빠져나오곤 했는데, K의 과도한 업무지시 때문에 야근을 밥 먹듯이 했던 팀원들에게 그녀는 항상 비난의 대상이었다.

라떼 과장, 라떼 부장의 말에는 케케묵은 과거라도 끄집어내 인정받고 싶은 마음이 드러난다. 누군가에게는 라떼 타령이 꼴사나운 말로 느껴질 만도 하지만 그들의 입장에서 생각해 보면 그 마음도 이해는 간다. 누구에게나 화려한 과거가 있다. 남들이 알아주기 전에 그것을 스스로 드러내면 '부장님' 대신 '라떼 부장'이 된다는 점에만 차이가 있다. 그런데 이것이 단순히 무용담에 그치지 않고 과도한 업무지시로 이어지는 경우에는 적당하게 대처하는 요령이 필요하다.

상사가 과중한 업무지시와 함께 '나 때는'이라고 덧붙였다면 다행히 '지금은' 조금 무리한 요구라는 점을 알고 있는 셈이다. 이때, 은근히 인정받기를 기대하는 상사에게 타당한 이유를 들어 조목조목 반박하는 것은 상대방에게는 무시당한 것과 같은 수치심을 느끼게 한다. 이때는 완곡한 표현으로 과도한 업무지시의 절충점을 찾는 것이 현명하다.

"팀장님이 조금 도와주신다면, 완성도 있게 일을 해낼 수 있을 것 같습니다."

일반적인 상황이라면 이런 대답은 책임감 없는 태도로 보이기에 충분하다. 하지만 상대방의 입장에서 생각해 보면 자신의 지시에 정면으로 반박하기보다는 양해를 구하는 태도가 그리 불편하지만은 않을 것이다. 일터에서의 의사소통이 항상 효율적인 일의 원리에 따라 움직이는 것 같지만, 서로의 감정이 오고가는 대화는 효율성 이상의 의미를 가진다. 표면적인 것 너머의 마음을 헤아린다면 험담하면서 스트레스를 풀지 않고도 함께 문제를 해결해 나갈 수 있다. 면전에서 정면으로 반박하거나 뒤에서 험담하면서 앞에서 꾸역꾸역 일하는 사람보다는 자신을 인정해 주는 동료나 부하직원에게 더 마음이 가는 것은 어쩌면 당연한 일이다.

| 김치 싸대기의 비결, 힘들수록 단호하게 |

태도의 격률 The maxim of manner : Clarity

사이다 장면으로 인기를 끌었던 일명 '김치 싸대기' 장면을 기억하는가? 아들 때문에 마음고생 하는 며느리를 대신하여 시어머니가 아들의 뺨에 김치를 패대기치는 장면이었다. 놀랍게도 그 대단한 장면이 단 한 번의 NG도 없이 한 번에 통과되었다고 한다. 한 인터뷰에서 배우에게 비결을 물었더니 그녀는 껄끄러운 장면일수록 다시 촬영하는 일이 없도록 최선을 다한다고 대답했다. '태도의 격률' 역시 간결하고 논리정연하게 대화를 이끌어 나갈 것을 제안한다. 특히, 말하기 껄끄러운 이야기일수록 명확하게 표현하는 것이 중요하다. '태도의 격률'은 문장구조와 내용 전개의 '명확성'과 관련이 있다. 이는 다음의 4가지 하위 항목으로 구성된다.

1. Avoid ambiguity. 중의성을 피하라.
2. Avoid obscurity. 모호함을 피하라.
3. Be brief. 간결하게 말하라.
4. Be orderly. 논리정연하게 말하라.

독실한 크리스천인 K에게 요즘 고민이 한 가지 생겼다. 지난 30년간 불교 신자였던 그녀에게 개종한 이후에도 끊임없이 불교 경문을 보내오는 지인 때문이다. 숙제처럼 보내는 단체 문자는 정중히 거절한지 오래되었는데, 어느 보살님이 안부를 물을 때마다 개인적인 소식의 말미에 장문의 불교 경문을 함께 보내는 것이다. K가 개종한 것을 항상 안타까워하는 걸 보면 고단수의 포교 활동인가도 싶었다. 그녀도 성경 말씀으로 응수해야 할지를 고민하다가 불편한 마음을 솔직하게 털어놓기로 했다. "보살님, 좋은 말씀 보내주시는 것은 감사하지만 가끔 불편할 때가 있어요. 정말 공유하고 싶은 이야기라면 보살님의 이야기로 전해주세요."

두 사람은 카톡 사건 이후로도 변함없이 좋은 관계를 유지하고 있다. 이것을 보면 장문의 카톡이 고단수의 포교 작전은 아니었던 것 같다. 선한 의도가 배려를 잊으면 오해로 이어진다. 이때 오해를 해소하는 가장 좋은 방법은 솔직하게 자신의 감정을 표현하는 것이다. 상대방의 호의가 자신에게는 불편하다는 것을 가급적 명확하게 전달하는 것이 좋다. 그렇지 않으면 상대방은 계속 같은 방식으로 호의를 베풀게 되고, 반대쪽에서는 불필요한 불편을 감수해야 하는 상황이 반복된다. 이런 경우라면 마음은 감사히 받겠지만 이제 이쯤에서 멈춰 달라고 정중하게 요청하는 용기가 필요하다. 이것이 서로 다른 생각을 가진 사람들이 건강한 관계를 유지하는 비결이다.

김치 싸대기를 날리거나 불교 경문을 거절하는 것만큼이나 어려운 일이 있다. 바로 상대방이 듣기 불편한 말을 직접적으로 전달해야 하는 경우다. 이때, 껄끄러운 순간을 피하려고 이런저런 핑계를 대며 넘어가거나 빈말로 칭찬하면 오히려 상황이 악화된다. 이 같은 대화에서 반드시 지켜져야 하는 것 역시 '태도의 격률'이다.

"전에도 내가 한번 얘기한 적 있는 것 같은데."

"네? 무슨 말씀이오?"

"아... 여기서 내가 얘기 한번 한 것 같은데..."

김 과장의 보고서를 수신한 G 부장은 말을 얼버무리기는 했지만 지난번에도 이 것과 똑같은 실수가 있었음을 분명히 기억하고 있다. 모니터만 쳐다보며 건성으로 대답하는 김 과장을 보니 일일이 설명하느니 직접 하는 게 낫겠다는 생각마저 들었 지만 매번 이렇게 넘어갈 수는 없는 노릇이라 이번에는 한마디 하기로 했다. 지난달 연수원에서 배운 대로 칭찬으로 라포를 형성하고 있는데, 거래처에서 전화가 걸려 오자 김 과장은 바쁘다며 자리에서 벌떡 일어났다.

"부장님~ 역시 저를 알아주시는 건 부장님밖에 없다니까요."

콧노래를 흥얼거리며 돌아서는 김 과장을 보니 G 부장은 답답한 마음에 한숨이 절로 나왔다. 그는 학창 시절에도 워낙 내성적인 성격 탓에 미화 부장 한 번 맡아본 적이 없었는데, 회사에서 묵묵히 일하다 보니 부서장이 되었다. 지금까지 상사에게 는 인정받는 부하직원, 동기들에게는 착한 친구, 가정에서는 존경받는 아버지의 역 할을 충실히 해왔는데, 부장 승진과 함께 그의 40년 인생 경력에 금이 가기 시작했 다. 남에게 싫은 소리 한 번 해 본 적 없는 그에게는 피드백을 하고 업무를 조정하는 역할이 버겁게만 느껴진다. 밀실에서 단둘이 면담하는 것은 상상만 해도 부담스럽 다. 결국 G 부장은 칸막이가 있는 자신의 책상 앞에 김 과장과 박 차장을 함께 불렀 다. 차분히 설명한다는 것이 그동안의 감정이 북받쳐서 버럭 소리를 지르고 말았다.

김 과장은 방금까지 칭찬하다가 갑자기 불같이 화를 내는 부장님도 이해되지 않고, 영문도 모르고 끌려온 차장님에게도 미안해서 이리저리 눈치만 살피고 있다.

이 상황은 두 사람이 칸막이를 넘는 순간 라떼부장의 히스테리로 결론날 확률이 높다. 개선점을 피드백 할 때는 불필요한 오해를 남기지 않도록 명확하게 말하는 것이 중요하다. 위 사례에서처럼 대화의 목적을 분명히 밝히지 않고 애매한 칭찬과 피드백을 섞어서 말하면 소위 '돌려까기'로 오해받거나 눈치 없는 상대방이 듣고 싶은 말만 기억하는 황당한 상황이 생기기 십상이다. 듣는 사람의 감정을 상하게 하지 않고 명확하게 말하려면 어설픈 칭찬으로 얼버무릴 것이 아니라, 사람이 아닌 사건, 문제점이 아닌 개선점에 집중하여 문제 상황을 구체적으로 설명하는 것이 좋다. 추상적인 표현을 사용하여 피드백하면 자칫 상대방을 비난하는 말이 되어 대화의 효율성이 떨어진다.

그 사람은 항상 그런 식이야.
그 사람 다 좋은데, 너무 내성적이야.

추상적인 표현은 받아들이는 사람의 관점에 따라 다양하게 해석된다. 그만큼 오해의 여지가 많다. 성격 검사지의 해설이 누구에게나 잘 들어맞는 이유는 추상적인 표현을 사용하기 때문이다. 가령 '당신은 사람들의 눈치를 보는 편입니다.'라는 문장은 얼핏 보면 성격 특성을 나타내는 것 같지만 사람들은 대부분 다른 사람의 눈치를 본다. 대부분 그렇다는 '보편성'과 함께 '추상적'인 표현이 검사 결과를 자신의 상황에 따라 재해석하도록 만드는 것이다. 명확하게 말하려면 '항상' '원래' '부정적'이라는 추상적인 표현을 대신하여 구체적인 시점과 상황을 명확하게 지적하고, 개선점을 함께 제안하는 것이 좋다.

명확하게 말하는 연습이 부족하면 수시로 화를 내게 된다. 화내고 싶지 않았다고 변명하지만 실제로는 단호한 피드백이 두렵고 불편해서 그런 감정을 숨기기 위해 무의식적으로 화내기를 선택했던 것인지도 모른다. 그러나 이렇게 감정적인 표현으로는 어떠한 메시지도 제대로 전달하기 어렵다. 상황은 안타깝지만 개떡같은 말은 상대방도 개떡같이 알아들을 수밖에 없다. 어려운 말일수록 단호하게 전달하는 용기가 필요하다.

| 언택트 시대 '일의 언어' |

팬데믹의 여파로 재택근무를 시행하는 기업이 늘고 있다. 새로운 환경에서 가장 큰 변화 중의 하나는 의사소통의 방식이다. 그동안의 커뮤니케이션이 상호 간의 이해나 지지를 통한 화합과 시너지를 강조했다면 최근 커뮤니케이션은 비대면 환경에서 효율적으로 의견을 공유할 수 있는 명확한 의사소통에 다시 주목하고 있다.

'일의 언어'에서 가장 중요한 것은 '명확성'이다. '태도의 격률'을 지키는 것은 맥락을 통해 상황을 유추하기 어려운 비대면 환경에서 무엇보다 중요하다. 간혹 명확하지 않은 지시사항에도 찰떡같이 알아듣고 일을 진행하는 구성원도 있다. 이들은 두루뭉술한 의사소통이 오가는 환경에서 눈치 백단이 되었다는 우스갯소리를 한다. 그러나 비대면 환경에서는 이런 눈치 백단이 더는 통하지 않는다. 소위 상사가 깨지는 소리를 엿들을 수도 없고 지시하는 상사의 안색을 살펴 적당한 대답을 찾기도 어렵다. 물리적으로 떨어져 있는 환경에서는 귀동냥으로 정보를 얻는 일마저 쉽지 않다. 말하지 않아도 알 수 있는 것들은 줄어들고 개떡같이 말하면 개떡같이 알아들을 수밖에 없다. 말 그대로 명확한 의사 표현이 있을 때만 일이 제대로 진행된다.

과거 사내 메신저를 활용할 때는 기본적인 맥락 정보가 함께 주어지는 경우가 대부분이었지만 비대면 환경에서는 간단한 요청사항을 전달할 때에도 훨씬 더 직접적인 표현이 필요하다. 실제로 실리콘밸리의 유니콘 기업 깃랩gitlab에서는 전원이 원격근무를 하는데, 업무적 소통을 위한 자료는 모두 문서화하고 그 기록을 모두가 공유한다. 정보의 흐름이 정체되지 않도록 정보의 공유는 정확하고 신속하게 이루어지며 업무상 메일을 주고받을 때에는 본문의 첫 줄에 용건을 정확히 제시하는 것으로 제목을 대신한다. 즉시 답신을 원칙으로 하고 의견이 없을 시에는 감사 인사로 바로 회신하도록 한다.

간혹 습관적으로 개인 SNS를 업무용으로 혼용하는 경우가 있는데,

이는 기록을 문서화하고 공유하는데 어려움을 초래한다. 게다가 개인 SNS는 즉시성을 전제로 하지 않는다. 이것은 수신자가 한참 뒤에 확인하더라도 적절하게 대응할 수 있는 비공식적인 의사소통에 적당한 도구다. 이때의 메시지는 요점이 드러나는 문장으로 짧고 굵게 표현하는 것이 좋다. 개인 SNS를 사용하는 의사소통에서 불편했던 점을 떠올려 보자. 한창 다른 일을 하고 있을 때, '바쁘세요?'라는 질문보다 맥 빠지는 말도 없다. 상대방에게 양해를 구하는 것으로 생각하겠지만, 용건 없는 카톡의 빨간 점을 한꺼번에 확인할 때는 느긋하던 마음도 바빠진다. SNS로 장황한 서론을 늘어놓거나 즉답을 요구하는 것은 오히려 전화나 대면으로 의사소통하는 것보다 더 큰 번거로움을 만든다. 공적인 기록을 남겨야 하거나 자세한 맥락이 필요하다면 업무용 협업 툴을 선택하고, 불가피하게 서론이 길어질 것 같다면 번거롭더라도 전화로 소통하고 기록을 남겨 즉시 공유하는 것이 오해를 줄이는 방법이다.

명확한 업무적 의사소통이 언제나 '용건만 간단히'를 의미하는 것은 아니다. 간결하게 말하려다 보니 발신자는 핵심을 전달했다고 생각하지만 정작 상대방은 말하는 사람의 의도를 제대로 파악하지 못하거나 사전 정보가 부족하여 상황을 오해하는 일이 생긴다. 특히 타 부서에 업무상 협조를 요청하는 경우에는 전제조건에 대한 합의나 상황에 대한 명확한 이해가 선행되어야 한다.

K의 회사는 올해 신규 거래처를 확보하는 데 공을 들이고 있다. 전체적인 일의

진행은 K가 속한 영업팀에서 주도적으로 맡고 있지만, 자료를 준비하는 데 타 부서의 협조가 필요하다. 업무 공조가 필요하다는 사실은 전체 회의에서도 여러 번 강조된 바 있어서 K는 타 부서에 사내 메신저로 간단히 업무협조를 요청해왔다. 그런데 언젠가부터 협조가 제대로 이루어지지 않는다. 무엇이 잘못된 것일까? 다음은 K 대리가 업무협조를 요청할 때 보낸 메시지다.

> 이 대리님, 업체 미팅 시에 필요한 자료가 있습니다. 전년도 월평균 생산량과 판매 실적에 관한 자료 협조 요청합니다. 이상입니다.

메시지의 내용만으로는 핵심적인 내용이 명확하게 잘 전달되었다. 그런데 정작 이 메시지를 받은 이 대리는 선뜻 자료를 보낼 생각이 들지 않는다. 회사의 공격적인 경영방침으로 갑자기 새로운 업무를 맡게 된 데다가 지난번 전체 회의 이후로 매번 타 부서에서 당연한 듯이 협조를 요청하는 것이 불편했기 때문이다. 요청받은 자료를 취합하고 정리하려면 시간이 걸리는데 자기 일까지 미뤄가며 적극적으로 나설 생각이 들지 않는 것이다. 언제까지 해달라는 건지, 어디에 어떻게 필요한 자료인지에 관한 사전 설명도 없이 자료를 요청하니, 마치 지금 당장, 묻지도 따지지도 말고 자료를 대령하라는 것인가 하는 생각마저 든다.

이런 상황에서는 자칫 용건만 간단히 하려다가 용건을 제대로 전달하지 못하는 불상사가 생긴다. 업무 협조를 구하는 경우에는 용건을 명확히 하는 것에 더불어 제반 사항을 함께 알려 상대방의 양해를 구하는 과정이 반드시 필요하다. 이때는 절차에 따라 용건만 말하기보다는 성의 있는 한 마디를 보태는 것이 수월한 업무처리에 훨씬 도움이 된다.

> 이 대리님, 요즘 업무가 늘어서 많이 바쁘시죠? 다름 아니라, 지난번 회의 때 말씀드렸던 신규 거래처 K에 보낼 제안서를 작성 중입니다. X 품목에 대한 전년도 월평균 생산(가능)량이 얼마나 되나요? 자료는 수요일까지 보내주시면 됩니다. 매번 큰 도움이 됩니다. 감사합니다.

| 똑, 똑, 이제 말해도 될까요? |

효율적인 대화를 위해서는 명확한 표현방식을 지키는 것이 무엇보다 중요하다. 하지만 불편한 감정을 함께 전달하거나 조심스러운 이야기를 꺼내야 할 때는 우회적인 표현을 사용하여 상대방을 배려하는 것도 못지않게 중요하다. 그라이스는 이것을 '대화 함축의 원리'로 제시하여 의사소통의 본질은 단순히 상대방에게 그 뜻을 전달하는 것 너머에 있다는 것을 강조했다.

"무속인에 대해 평소 어떻게 생각하시나요?"

갑자기 지인에게 이런 질문을 받는다면, 어떻게 대답하는 것이 좋을까? 요즘은 무속인의 자녀가 자신의 가정사를 배경으로 예능 프로그램을 론칭하거나, 본인이 무속인임을 밝히고 인기 크리에이터로 급부상하는 사례도 있다. 그러나 90년대까지만 해도 무당은 귀신 보는 사람이라는 무서운 인상이 강했다.

"너어... 무당... 어떻게 생각해?"

여고 시절, 단짝 친구가 뜸을 들여 물었다. "야, 야! 무서운 얘기 하지 마! 귀신 나와." 평소와 달리 작고 나지막한 목소리로 운을 떼는 친구의 말을 경솔하게 막아선 것이 화근이었다. 나의 대답이 끝나기가 무섭게 친구는 불같이 화를 내며 홱 돌아서 가버렸다. 그 뒤로도 왠지 서먹한 일들이 몇 번 더 있었고, 우리는 그대로 졸업을 했다.

나중에 알게 된 사실이지만, 친구의 부모님은 무속인이셨다. 나는 그 이후로 누군가 머뭇거리며 이야기를 꺼낼 때마다 습관처럼 한 번 더 고민하고 듣는 버릇이 생겼다.

똑. 똑. 이제 말해도 될까요?

동의를 구하는 신호를 놓치지 않도록 항상 상대방의 노크에 마음을 기울여야 한다. 가끔 말하기조차 망설이는 상대방에게 웅변하기를 강요하는 사람들을 만나기도 한다. 하지만 모든 대화가 연설문처럼 명확하고 논리적인 것은 아니다. 상대방에게 항상 간결하고 명확한 태도를 요구하기보다는 그 문장 너머의 마음을 읽어주는 따뜻한 배려가 필요할 때도 있다. 어쩌면 지금 상대방도 나를 배려하고 있는 것일지 모른다.

| 진정성의 힘, 진심 |

질의 격률 The maxim of quality : Truth

    질의 격률은 대화의 진실성과 관련이 있는데, 관계에서 가장 중요한 것이 신뢰라는 점을 생각해 보면 질의 격률은 대화의 전제와도 같다. 학문으로써 자기 노출을 처음으로 연구한 쥬라드S.M.Jourard는 자신에 대해 솔직하게 말하지 못하는 사람은 누구에게도 진정한 공감을 구하지 못해 인간관계를 맺기 어렵다고 말했다. 이때 솔직해야 하는 것은 비단 자신을 둘러싼 사실만이 아니다. 자신이 느끼는 감정에도 항상 진실해야 한다. 관계의 질은 때때로 사실보다는 그것을 둘러싼 감정에 의해 좌우되기 때문이다.

    우리는 원하는 대로 대화가 잘 풀리지 않으면 표현력이 부족했거나 전달하는 방법에 문제가 있었을 것으로 생각하는 경우가 많다. 하지만 말로 정확하게 설명한다고 해서 상대방이 항상 내가 원하는 대로 움직여주는 것은 아니다. 오히려 설명하면 할수록 상황이 더 복잡해지거나 잔소리가 되어 상대방의 귀를 막아버리는 경우가 더 많다. 상대방에 대한 공감 없이 자신의 목적에 따라 일방적으로 이끌어가려는 대화는 십중팔구 잘 이루어지지 않는다. 모든 사실을 말과 행동으로 정확하게 전달하겠다는 의사소통의 강박관념을 내려놓고 진심을 전달할 때 상대방의 귀가 열린다.

효율적인 대화법을 익히는 것이 더 나은 관계를 맺는 데 도움이 되는 것은 분명하다. 그러나 강의에서 실습했던 몇 가지 안 되는 대화법으로 우리의 삶이 변한 것은 아니다. 학습한 것을 적용하려고 상대방의 표정과 몸짓을 살피고 자신이 했던 말과 행동을 하나하나 되짚어가며 애쓰는 과정에서 서로의 '마음'을 살피는 일이 일어난다. 말 그대로 진정성이다. 진심이 없으면 애초에 불가능한 것이 '대화'이고 '관계'다.

얼마 전부터 다시 산에 오르기 시작했다. 잰걸음으로 40분 정도 걸었더니 짧은 코스 하나가 금방 끝이 났다. 이젠 익숙해져서인지 이 정도는 거뜬하다. 이 길이 처음부터 이렇게 편하지는 않았던 것 같은데 언젠가부터 돌부리도 흙더미도 익숙해지기 시작했다. 일부러 땅만 보고 걷는 것도 아닌데 이제는 어디 걸려서 넘어질 일도 없다. 오가는 사람들을 보며 인사를 나누는 여유도 생겼다.

다른 사람과 친밀한 관계로 발전하는 과정이 등산로에 익숙해지는 것과 비슷한 데가 있다. 친밀한 관계가 편안한 것은 서로에게 익숙하기 때문이다. 그 익숙함은 마냥 좋은 것으로부터 얻어지는 것은 아니다. 상대방에게서 자신의 약한 모습을 문득 발견할 때 연민의 정이 생기고, 별것 아닌 일에 발끈하는 상대방을 보면 화가 났다가도 뒤돌아서 측은한 마음이 들기도 한다. 완벽해 보이던 상대가 실수하는 것을 보면 그의 사람 냄새에 안도감을 느끼기도 한다. 그 사람의 모난 구석도, 허당 같은 면도 익숙해지면 편안해진다. '미운 정도 정'이라는 말은 여기서도 통한다.

누군가와 편해지고 싶다면 상대방이 나의 솔직한 모습에 익숙해질 수 있도록 자신을 있는 그대로 드러내는 것이 먼저다. 좋은 사람으로 보이려고 꾸며내는 모습은 늘 종잡을 수가 없어서 불편한 데다가 매번 서로의 장단을 맞추느라 관계에는 힘이 들어간다. 어디에 돌부리가 숨었는지, 내가 혹시 걸려 넘어지지는 않을지, 상대가 상처받지는 않을지, 이런저런 생각들로 항상 조바심을 내야 하는 관계는 겉돌 수밖에 없다. 서로에게 깊이 연결되려면 무엇보다 서로에게 솔직해야 한다. 내가 진심이 아니면, 상대도 진심이 아니다.

완전한 솔직함

질의 격률을 지키려면 거짓말을 하거나 타당한 증거가 없는 것을 말해서는 안 되지만 이 원리가 특히 지켜지기 어려울 때가 있다. 바로 피드백을 주고받는 경우다. 일상적인 관계에서 서로의 생각을 주고받는 것부터 조직에서 성과를 만들어내고, 문제를 개선하는 데 필요한 것도 솔직함이다. 킴 스콧Kim Scott은 〈실리콘밸리의 팀장들Radical Candor〉에서 완전한 솔직함의 두 축을 '개인적 관심'과 '직접적 대립'으로 설명했다. 진심으로 서로의 성장을 돕고자 할 때 사람들은 불편한 지적에도 솔직하게 직면할 수 있다. 그는 리더가 구성원을 지적하는 것을 가리켜 도덕적인 책임이라고까지 말했다.

동시에 역량 있는 인재가 능력을 발휘하게 하려면 리더는 그들이 능동적으로 개입할 수 있는 환경을 제공하여야 한다. 소신대로 행동하고 실수해도 비난당하지 않을 것이라는 심리적 안전감psychological safety은 구성원을 적극적으로 행동하게 만든다. 이러한 심리적 안전감을 보장하려면 리더가 먼저 취약성을 드러내고 솔직한 피드백에도 열린 태도를 가져야 한다. 이것은 문제가 발견되어도 충분히 헤쳐나갈 수 있다는 자신감을 보여주는 동시에 구성원들에게는 리더가 함께 문제를 해결해 갈 것이라는 믿음을 준다. 그때야 비로소 조직에서의 피드백은 '좋은 게 좋은 것'에 그치지 않고 서로의 성장을 도울 수 있게 된다.

진실함에는 힘이 있다. 비록 모질게 들리는 말일지라도 진심으로 하는 말에는 앙금이 남지 않는다. 리더의 솔직한 피드백이 구성원을 성장시킨다. 반면, 조언이 절실하게 필요한 때마저 입에 발린 칭찬은 공허할 따름이다. 상대가 어떻게 되든 상관없이 자신과의 피상적인 관계만 지키면 된다는 이기적인 마음이 그대로 느껴지기 때문이다. 솔직하지 못한 관계는 아무리 가까워도 깊어지지 않는다. 둘도 없는 친구처럼 가깝게 지내다가도 '이해관계'라는 유일한 연결고리가 끊어지면 그들은 한순간에 멀어진다.

관계 형성을 위한 필수 요소로 많은 학자들이 상호 신뢰를 바탕으로 한 솔직한 '자기 노출self disclosure'을 제시하고 있다. 서로의 '선한 의도'를 믿을 때 오해나 비난을 염려하지 않고 솔직하게 자기 생각을 표현할 수 있다. 상대도 마찬가지로 자신의 의도를 알아줄 것이라고 믿는 마음이 바로 '심리적 안전감psychological safety'이다. 서로에 대한 깊은 신뢰를 경험적으로 알 때, 상대의 실수를 무작정 덮어주지 않고도 따뜻한 조언을 건넬 수 있고 이러한 진정성 있는 교류가 관계의 밀도를 높인다.

진심

L은 지방에서 홀어머니를 모시고 살다가 지금은 분가하여 아내와 함께 서울로 이사했다. 일찍 혼자가 되신 그의 어머니는 젊어서는 재가하라는 주변의 권유도 많았지만 아들딸을 돌보느라 좋은 시절을 혼자서 다 보내셨다. 세월이 한참 흘렀으니 그 당시 마흔에 낳은 늦둥이 외아들이 얼마나 귀했을지는 짐작이 되고도 남는다.

L은 밤바다를 무서워한다. 유난히 추웠던 어느 겨울날, 어머니가 자신을 업고 밤바다를 헤매던 기억이 어렴풋이 남아있어서다. 그의 어머니가 그렇게 어려운 시절을 버텨내며 애지중지 아들을 키워낸 덕분에 지금은 며느리와 세 식구가 웃으며 옛일을 추억할 수 있게 되었다.

간혹 일찍 혼자가 된 부모들 중에는 당신의 굴곡진 인생을 자식 탓으로 돌리고 자식의 죄책감으로 한평생을 위안받으며 사는 불행한 경우도 더러 있다. 하지만 L의 어머니는 단 한 번도 이런 이야기로 아들 부부의 마음을 다치게 한 적이 없다. 그녀는 남편이 세상을 떠나기 전까지 가족들만 바라보고 산 세월이 전부였다. 남겨진 유산은 생활비와 이런저런 명목으로 다 썼고 시집간 큰딸에게 조금 보탠 것 외에는 자식에게 남길 것이 없다. 이런 상황에서도 자식들이 '우리 어머니 보고 싶다' '감사하다' 하는 것 보면 어머니도 참 잘 사셨다.

이 사연을 이렇게 속속들이 알고 있는 것은 내가 그 집안의 유일한 며느리이기 때문이다. 곧 아흔을 바라보시는 어머님은 여전히 40대 아들 부부를 쥐락펴락하신다. 10년 넘게 무뚝뚝한 여장부의 모습만 보아 온 나로서는 어머니가 남편에게는 늘 따뜻한 엄마였다는 증언을 도무지 믿을 수가 없었는데, 어느 날 남편의 말 한마디로 한꺼번에 궁금증이 해소되었다.

'괜찮아~ 어머니는 내 맘 다 아셔.'

남편과 어머님 사이에는 서로를 향한 절대적인 신뢰가 있다. '온전한 내 편', '과장하거나 설명할 이유가 없는 진심'이다. 아이가 길을 걷다 넘어지면 길바닥을 '맴매'하는 엄마의 마음이다. 세련되고 다정다감하게 표현하지 못한다고 해서 진심이 달라지지는 않는다. 남편이 군에 입대하던 날도 어머니는 호탕하게 웃으시며 혼자서 외아들을 군에 보내셨다고 한다. 남편이 반주 한잔하는 날에는 어김없이 그날의 이야기를 꺼낸다. 만일 어머니가 전봇대 뒤에서 몰래 아들을 지켜보는 모습을 들키지 않았더라도 아들은 어머니의 그 마음을 다 알고 있었을 것이다.

'진심은 통한다', '진실은 밝혀진다'라는 말이 가끔 상황을 회피하려는 비겁한 변명으로 둔갑할 때가 있다. 그야말로 진심이 절실하게 필요한 순간조차 함부로 '진심'을 남발하는 안타까운 사연을 너무 많이 만났다. 그러나 '진심'은 우리가 직관적으로 느낄 수 있는 유일한 감각이다. 누군가와 함께일 때 내가 참 '나답다'는 생각이 든다면 그 순간만큼은 서로에게 진심임이 틀림없다. 관계에서 통하는 진심이란 '거짓이 아닌 사실'을 말하는 것을 넘어 서로의 말과 행동에서 따뜻한 온기를 나눌 수 있는 상태를 말한다. 남편이 그날 저녁상에서 알려준 '진심'은 내가 어머님을 진심으로 대하게 하고 내 엄마를 더 사랑하게 해 준 고마운 말이다.

법정 스님의 잠언집에는 '만남의 관계'와 '스침의 관계'라는 표현이 있다. 있는 그대로의 나와 당신이 만나서 서로의 내면을 주고받는 관계는 '만남'이라 부르지만, 서로의 가면이 만나서 역할만을 수행하는 피상적인 관계는 '스침'에 불과하다. 아직 '진정한 나'를 나눌 준비가 되지 않았거나, 거절이 두려워 진정한 내 모습으로 상대방에게 다가서지 못한다면 날마다 만나도 그 관계는 '만남'이 아닌 '스침'에 그친다.

사람들을 이어주는 매체가 다양해지고 관계를 바라보는 사람들의 관점도 많이 달라졌다. 과거 '끈끈한 우리'를 대신해 '느슨한 연대'가 자리 잡았다. 소통의 창구가 다양해지고 전보다 쉽게 사람들을 만나고 헤어질 수 있게 되었다. 이와 동시에 점점 혼자가 되는 사람들이 많아지고, 비슷한 사람들과 비슷한 것들만 공유하며 그들만의 세상으로 빠져들기도 한다.

앞으로의 관계는 분명 우리가 지금까지 알던 것과는 아주 다른 방식으로 발전하게 될 것이다. 하지만 어느 시대에도 '진심'이라는 그 뿌리는 변하지 않으며, 그 견고한 관계의 뿌리가 우리를 지탱하는 든든한 버팀목이 되어줄 것이다.

#4

관계를
열다

사람 보는
눈

| 사람 보는 눈 |

〈시녀들Las Meninas〉은 17세기 스페인의 궁정화가 디에고 벨라스케스의 대표작이다. 그림의 구도와 빛이 들어오는 방향을 보면 공주를 주인공으로 한 초상화로 보이는데, 이 그림을 해석하는 데는 이외에도 여러 가지 관점이 있다. 그중 하나는 화가가 거울에 비친 공주의 모습을 그리는 장면이라는 것이고, 맞은편에 서 있는 국왕 부부의 초상화를 그리는 장면이라는 학자도 있다. 그러나 당시에 그려진 초상화가 발견되지 않았으니 이 그림 자체가 하나의 커다란 거울 속 이미지일 것이라고 설명하기도 한다.

정면을 보고 있는 공주의 뒤편에는 거울이 걸려있는데, 그 거울 속에는 공주를 보는 왕과 왕비의 모습이 비친다. 그림 속의 시선을 따라가다 보면 보는 대상이 계속 바뀐다. 바깥쪽에 서서 공주를 바라보는 국왕 부부의 시선, 이 장면을 캔버스에 담고 있는 화가의 시선, 국왕 부부를 향한 공주와 시녀의 시선이 겹치면서 보는 재미를 더한다. 이 그림을 계속 보고 있으면 내가 그림을 보는 것 같기도 하고 인물들이 나를 보는 것처럼 느껴지기도 한다. 우리 일상에서도 매 순간 이렇게 다양한 시선이 교차하고 있다. 그리고 이 모든 구도를 화가가 관장하고 있는 것처럼 우리 삶은 우리가 보는 관점에 따라 매 순간 재해석된다. 이번 장에서는 '관계를 보는 관점'에 대해 이야기 나누려고 한다.

얼마 전, 신간을 보러 서점에 들렀는데 유독 눈에 띄는 책이 한 권 있었다. 경제/경영 코너에 관상학이라니, '사람 보는 눈'을 키워준다는 캐치프레이즈에 이끌려 책을 집어 들었다. 귓불은 두툼하고 이마가 넓고 광이 나야 관운이 있다는 식의 뻔한 스토리를 예상했지만, 책 속에는 저자가 오랫동안 고민한 흔적과 그의 내공이 고스란히 담겨 있었다. 책장을 열어 직접 확인하지 않았다면 그 책은 나에게 영영 경제/경영 코너에 어울리지 않는 미신 이야기로 기억되었을 것이다.

우리 뇌는 매번 생각하는 번거로움을 피하고자 각자의 경험에 비추어 세상을 인식하는 기본적인 틀을 만들어 두었다. 무엇을 보든지 그 틀을 통해서 인식하지만 우리는 세상을 있는 그대로 보고 듣는다고 착각한다. 그래서 자신은 팩트fact만 말한다는 사람들의 호언장담이 어이 없는 해프닝으로 끝나는 경우도 부지기수다. '칸쵸' 뒷면에 인쇄된 숨은 그림 찾기에서 망치, 압정, 나들이 모자 같은 것도 제대로 못 보고 지나 쳤으면서 자신의 '세상 보는 눈'은 의심하지 않는다. 이런 편견이 '사람 보는 눈'에도 그대로 적용된다.

얼마 전 부서 이동을 한 영업사원 S는 동료들 사이에서 '하극상'으로 통한다. 누가 불러도 무표정한 얼굴로 무성의하게 대답한다며 누군가 그에게 '관상이 하극상'이라는 웃픈_{웃기고 슬픈} 별명을 붙였다. 그도 동료들의 달갑지 않은 시선을 눈치챘는지 업무상 꼭 필요한 말이 아니면 누구와도 말을 섞지 않았다. 모두 쉬쉬하며 은근히 그를 따돌리던 어느 날, 잔뜩 화가 난 고객이 사무실로 찾아왔다. 모두가 숨죽이며 일촉즉발의 상황을 지켜보고 있을 때, 그는 즉시 고객에게 다가가 상냥한 말투로 어떤 오해가 있었는지를 차분하게 묻기 시작했다. 예상했던 것과 180도 다른 모습이었다. 알고 보니 그는 원래 낯을 많이 가리는 편인데 부서를 이동한 후로 줄곧 옆자리 동료가 던지는 농담에 어떻게 반응해야 할지 몰라 마음을 졸이고 있었던 모양이다. 이야기를 듣고 보니 그간 내색도 못 하고 얼마나 맘고생을 했을지 짐작이 되고도 남았다.

무엇이든 관심을 가지고 계속 관찰하다 보면 그것이 전혀 새로운 모습으로 내 앞에 나타나는 순간이 있다. 마치 숨은그림찾기에서 이전에는 없던 것이 어디선가 갑자기 나타난 것처럼 말이다. 이런 발견을 '사람 보는 눈'에도 적용해 볼 수 있다. 상대에게 관심을 가지고 관찰하면 이전엔 몰랐던 새로운 존재가 눈앞에 나타난다. 여기에 상대방을 신뢰하는 마음이 더해져 관계가 시작된다. 자신만의 생각을 내려놓으면 상대방이 제대로 보이기 시작한다. 자세히 들여다보면 보이지 않던 것이 보이기 시작한다. 관계가 깊어지는 것은 서로를 발견해 나가는 과정이다.

밤하늘 한참을 올려다 보았더니

별빛이 조금씩 커졌다 작아졌다

산너머 마을은 어두웠다 밝았다

'사람 보는 눈'은 다음의 두 가지 노력을 통해 발전한다. 첫째는 '유연한 관점'을 지키기 위한 노력이고, 둘째는 상대방의 인간적인 선함을 보려는 '정서적 노력'이다. 우리는 관계를 맺으며 상대방의 새로운 면을 발견하고 시행착오를 겪으면서 편견을 경험하기도 하는데, 이것을 바로잡는 데는 혼자만의 성찰monologue이 아닌 다른 사람과의 관계dialogue가 필요하다. '사람 보는 눈'은 혼자서 상대방을 이리저리 재어 보는 것으로 얻어지지 않는다. '사람 보는 눈'은 다른 사람과 직접 관계 맺으며 경험적으로 얻어지는 능력이다.

| 관계를 살리는 '유연한 관점' |
다양한 관점으로 상대를 보려는 노력

"저기, 혈액형이 어떻게 돼요?"

"저기, 별자리가 어떻게 돼요?"

이런 질문들은 처음 보는 사람을 대놓고 넘겨짚는 좋은 수단이 된다. 나는 통념과는 달리 소심한 B형인데다가 의외로 깐깐한 O형을 매일 만나고 있으면서도 혈액형에 관한 믿음을 쉽게 내려놓을 수가 없다. 구닥다리 미신인 줄 뻔히 알면서도 내가 O형인 동료에게 시원시원한 결단력을 기대하는 것처럼 많은 사람들이 한물간 말장난에 여전히 영향을 받는다. 혈액형 미신을 쉽게 떨쳐내지 못하는 나에게 촌스럽다고 면박을 준 동료가 언젠가 자신이 A형이라 소심한 면이 있는 것 같다고 말하는 것을 분명 들은 적이 있다.

"산전수전 겪고 나니 이제는 사람을 척 보면 압니다."

그 누구도 자기 자신은 한눈에 간파당할 만큼 단순한 존재로 여기지 않으면서 다른 사람을 볼 때는 말 한마디 몸짓 하나로도 소심한 사람, 대범한 사람, 깐깐한 사람 등으로 금세 사람을 구분하는 초능력을 발휘한다. 이런 초능력을 '편견'이라고 부른다. 제대로 보기도 전에 판단하고, 그대로 믿고, 믿는 대로 본다. 이런 초능력이 정말 위험한 이유는 충분히 고민했다고 생각할수록 진실의 여부와는 관계없이 그 생각이 점점 확고해지기 때문이다. 설령 완전히 잘못짚었어도 마찬가지다. 보는 관점을 유연하게 관리하지 못하면 어느 순간 잘못된 판단이 시야를 가린다.

자신의 관점으로만 세상을 살아가는 사람도 다양성을 인정하는 것이 중요하다는 것을 안다. 사람은 모두가 제각각이니 상대가 변하지 않으면 자신이 변하면 된다고 호언장담하기도 한다. 그러나 막상 자기 뜻대로 따라주지 않는 상대를 만나면 그의 호언장담은 '너는 너대로, 나는 나대로' 체념하듯 분풀이하는 말에 그치고 만다. 산전수전 공중전을 다 겪었어도 상대방의 내밀한 속사정만은 알 길이 없지만 '척 보면 안다'는 말로 더는 상대방을 보려고 하지 않는다. 그래서 철벽을 두른 그의 다양성은 자신이 상상하고 경험한 것에서 멈춰버린다. 생각의 틀을 벗어나지 못하면 아무리 오랜 시간이 흐르고 많은 경험을 하더라도 관점은 확장되지 않는다. 그래서 편견을 줄이기 위해서는 현상을 다양한 관점으로 보려는 의도적인 노력이 반드시 필요하다.

한편, 겉으로는 '다르다'고 말하면서 속으로는 '틀렸다'고 생각하기도 한다. '다름'과 '틀림'을 구분하여 쓰는 것에는 지나칠 정도로 예민하면서 정작 자신은 그 둘을 구분하지 못하는 아이러니를 겪는 사람들이 많다. 말로만 다르고 머리로는 틀렸다고 인식하면서도 정작 본인은 자신이 그렇게 생각하는 줄 모른다. 편견을 줄이는 것은 이처럼 꽉 막힌 생각을 다양한 관점으로 확장하는 과정이다. 그래서 이상적인 완결의 상태라기보다는 지속적으로 변화하는 과정에 가깝다. 이런 점에서 '편견이 있다' 혹은 '편견이 없다'라는 완결의 상태는 애초에 불가능한 말인지도 모른다. 이는 동시에 우리의 관점이 의식적인 노력을 통해 충분히 개선될 수 있다는 희망의 메시지기도 하다.

독일의 철학자 가다머Hans-Georg Gadamer는 다양한 선입견을 놓고 좋고 나쁜 것을 구분하여 얻은 것을 '이성'이라고 하고, 이것은 경험을 통해서만 검증 가능하다고 말했다. 여기에 자신이 경험하여 아는 것 너머의 사실에 대해서도 열린 태도를 유지할 수 있을 때에야 이성이 제대로 작동할 수 있다. 학자들의 연구에 따르면 편견은 우리가 사회화되는 과정에서 학습을 통해 발생하기도 하고, 심리적으로 자신이 속한 집단In group과 그 밖의 집단Out group을 구분하면서 나타나기도 한다. 이 밖에도 여러 가지 상황에서 반복된 경험에 의해 사물이나 사람을 대하는 태도가 굳어져 습관화된 것이 편견이다. 편견을 없애기 위해 가장 먼저 해야 할 것은 편견을 인식하는 것이다.

진실의 가장 큰 친구는 시간이고
진실의 가장 큰 적은 편견이며
진실의 영원한 반려자는 겸손이다.
-찰스 칼렙 콜튼-

지금 나와 관계 맺고 있는 한 사람을 떠올리고 다음을 생각해 보자.

지금 떠오른 사람은 누구인가?

그는 어떤 사람인가?

- 지금 생각하는 것들이 사실인가? (여러 번 생각을 반복해보자.)
- 그에 대한 내 생각이 진실인지 확신할 수 있는가? (바로 답이 나오지 않는다면, 아니오.)
- 그에 대한 내 생각은 직접 경험하여 알게 된 것인가?
- 그에 대한 내 생각을 검증하기 위한 절차는 충분한가?
- 검증의 절차가 충분했다면, 어떤 방법이었는가?
- 그를 떠올릴 때 함께 떠오르는 것이 있는가?
- 함께 떠오른 것이 그와 직접적인 연관성을 갖는가?
- 그 혹은 그가 속한 집단에 상대적 박탈감을 느끼고 있는가?
- 그 혹은 그가 속한 집단에 질투나 경쟁심을 느끼고 있는가?
- 그에 대한 내 생각이 편견일지도 모른다고 생각한 적이 있는가?

한때 아주 확실했던 것이 나중에 오해나 거짓으로 밝혀졌던 경험이 있는가?

| 관계를 살리는 '정서적 노력' |
상대방의 인간적인 선함을 보려는 노력

L 대리는 동료들 사이에서 꼼꼼 대마왕으로 통한다. 매사에 철두철미한 사수 덕분에 신입사원 Y는 어깨너머로 배우는 일이 많다. 하지만 유능한 사수 밑에서 일을 배우니 좋겠다고 부러워하는 동기들을 볼 때마다 Y는 왠지 억울한 생각이 든다. 사실 그녀의 사수는 자신이 맡은 업무만으로도 바빠서 절대로 따로 시간을 내주는 법이 없었기 때문이다.

Y가 첫 결산업무로 정신없이 허둥지둥하던 날에도 L은 뒷자리에서 간간이 알아듣지도 못할 훈수만 둘뿐 쩔쩔매는 후임은 본체 만체였다. '대리 나부랭이'가 갑질을 한다고 한참을 중얼거리는데 L이 슬그머니 와서는 헤매던 부분을 콕 짚어 도와주고는 유유히 사라졌다. 뒤에서 계속 지켜보고 있었던 모양이다. 그리고 보니 그동안 사수의 도움으로 무사히 해결한 문제가 한두 가지가 아니었다.

좋은 감정은 저절로 생기는 것이라는 착각 때문에 우리는 관계를 위한 '정서적 노력'을 게을리한다. 상대방의 선함을 보려는 의도적인 노력 없이 좋은 감정은 저절로 생기지 않는다. '미운 정도 정'이라는 말은 관심을 가지고 오래 보는 일에서 시작한다. 이때 중요한 것은 상대방에게서 인간적인 선함을 보려는 노력이다. 그러면 자연스럽게 관심이 생긴다. 반대로 나쁜 의도가 있으리라 생각하고 오래 보면 오히려 역효과가 난다. '대리 나부랭이'가 '과장 나부랭이'로 진화할 뿐 시간이 아무리 흘러도 관계는 절대 개선되지 않는다.

　상대방에게 관심을 갖는 것은 그의 사적인 영역에 함부로 끼어드는 것과는 다르다. 단지 사적인 정보를 많이 알고 있다는 사실만으로 서로 잘 안다고 말하지는 않는다. 관계의 질은 상대방을 얼마나 인간적인 존재로 생각하는가에 달려있다. 자신과 상대하는 그의 역할이 아닌 그 사람 자체에 집중할 때 그 사람이 제대로 보이기 시작한다. 상대방도 나와 마찬가지로 느끼고 생각하는 사람이라고 믿는 순간부터 관계가 시작된다. 이런 믿음이 연민으로, 애정으로, 보살핌으로, 감사로 확장된다. 인간적인 관심에서 인간적인 관계가 시작된다.

지금 나와 관계 맺고 있는 한 사람을 떠올리고 다음을 생각해 보자.

- 그가 무엇을 자랑스러워하는지 안다.　**Y**　**N**
- 그가 난감해하는 것이 무엇인지 안다.　**Y**　**N**
- 그가 즐거워하는 것이 무엇인지 안다.　**Y**　**N**
- 그의 최근 관심사를 알고 있다.　**Y**　**N**
- 그의 장점을 세 가지 이상 말할 수 있다.

▶

▶

▶

그의 역할과는 무관한 위의 질문들에 얼마나 자유롭게 답할 수 있었는가?

다섯 가지 질문을 직접 물어보는 것을 제외하고,

더 많은 질문에 '그렇다'라고 대답하기 위해 할 수 있는 일을 한 가지만 떠올려보자.

관계를 보는
네 가지 관점

| 진정한 관점 : 진정한 관계의 시작 |

'선한 의도'를 보려는 정서적 노력

다양한 관점 → 이해와 공감

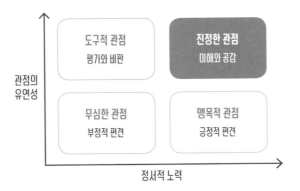

상대방의 '선한 의도'를 보려는 정서적인 노력이 있을 때, 다양한 관점은 이해와 공감으로 확장된다. 안타깝게도 상대를 깊이 신뢰하는 것이 항상 좋은 관계를 보장하지는 못하지만, 이것이 건강한 관계를 시작하기 위한 필수 조건임에는 틀림이 없다. 우리 뇌는 상대방이 보내는 감정 정보를 본능적으로 알아차리고 그와 동일한 방식으로 반응하도록 설계되었다. 실제로 한 연구에서 피실험자가 인지하지 못할 만큼 짧은 순간에 찡그리는 표정과 미소 짓는 표정을 차례로 제시했는데 피실험자는 자신도 모르는 사이에 반사적으로 제시된 표정과 같은 표정을 지었다. 미세 표정 전문가 폴 에크만Paul Ekman의 연구에 따르면 우리의 의도는 어떤 형태로든 겉으로 드러나며 찰나의 표정이나 몸짓을 통해 상대방은 말하지 않아도 알 수 있는 무언가를 느끼게 된다. 내가 상대방을 믿는 만큼 나의 진심도 그에게 그대로 전해져서 좋은 관계로 이어지게 되는 것이다.

상대방을 평가하지 않고 있는 그대로 수용하는 태도 역시 중요하다. 무엇을 보든지 인식의 틀이 함께 작동 중이라는 사실을 의식하면 선입견에 휘둘리지 않을 수 있는 여유가 생긴다. 이런 마음의 여유가 없으면 한낱 뜬소문에 흔들리거나 쓸데없는 오해가 생겨 그 관계는 제대로 시작도 하기 전에 끝이 나고 만다. 제삼자의 말 한마디로 이별한 연인에게 누군가는 믿음이 부족했다고 쓴소리를 할 수도 있겠지만 소중한 관계일수록 사소한 일로도 상처가 나기 쉽다. 관계를 지켜내고 싶은 마음이 간절할수록 관계를 보는 기준에는 날이 선다. 그런데 그렇게 날

선 기준으로는 관점의 다양성을 지키기가 어렵다. 사소한 일로도 오해가 생기고 서로에게 쏟은 정성만큼 실망하는 마음도 커져서 결국 관계는 되돌릴 수 없을 때까지 망가져 버리고 만다. '사람은 겪어 보아야 안다'는 말이 있다. 누군가와 제대로 관계 맺으려면 직접 경험하지 않은 섣부른 생각은 내려놓겠다는 결단이 필요하다. 만일 현재의 조건 때문에 좋은 관계가 유지되는 것이라면 아무것도 달라지지 않도록 항상 촉각을 곤두세워야겠지만 다행히 좋은 관계에는 기준이 없다. 주변 환경에 따라 서로 영향을 주고받으면서 관계는 시시각각 변한다. 한때의 엄청난 변화가 나중에는 평범한 일상이 되기도 한다는 것을 경험하고 나면 처음의 것을 지키느라 그렇게 애쓰지 않아도 된다는 사실을 알게 된다. 그러면 지나간 시간도 후회하지 않고 추억할 수 있는 힘이 생긴다. 세상 대부분의 것들은 변한다. 그래서 변화하는 무언가를 지켜내는 데에는 무엇보다 '유연한 관점'이 필요하다.

이것은 다시 시작하는 관계에도 마찬가지로 적용된다. 오해로 무너진 관계를 영영 되돌리지 못한다고 체념하면 생각은 어느새 자기 합리화로 흐른다. 그러면 망가진 관계의 책임을 상대방에게 떠넘긴 채 관계는 완전히 끝이 나고 만다. '때는 아직 늦지 않았다'는 따뜻한 위로를 기억하며 신뢰를 회복하려고 노력할 때 아팠던 상처와 회복의 과정이 관계의 회복 탄력성을 키워낸다. 어떠한 상황에서도 상대의 선함을 보려는 '정서적 노력'이 있을 때 관계를 보는 '유연한 관점'은 자연스럽게 이해와 공감으로 이어진다.

| 도구적 관점 : 사회적 관계의 유지 |

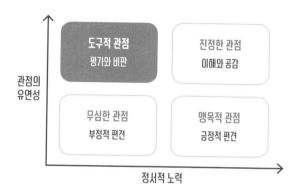

감정적 무관심, 불신

다양한 관점 → 평가와 비판

하루에도 수없이 많은 사람과 만나고 헤어지면서 모두와 '진정한 관점'을 공유하기란 말처럼 쉬운 일이 아니다. 앞서 상대방의 선함을 보려는 '정서적 노력'은 장기적으로는 삶을 풍요롭게 하지만 감정을 나누는 일은 생각보다 에너지 소모가 크다. 우리는 사회적 관계를 관리하기 위해 다양한 관점으로 상대방을 살피게 되는데 이때의 다양한 관점은 평가와 비판의 근거에 지나지 않는 경우가 많다.

서로에게 완벽한 역할을 요구하는 사람들 틈에서 솔직한 모습을 드러내는 것이 속없는 행동으로 비쳐 오해를 사게 되는 경우도 있다. 그래서 표현에 서툰 사람들은 상대에게 무심한 듯 행동하며 절대 곁을 주지 않겠다고 다짐하기도 한다. 학교에는 '교사에게 무례한 학생'이나 '제자와 데면데면한 교사'가 있고, 직장에는 '부하직원을 하대하는 상사'와 '부장님을 꼰대라 부르는 직원'이 있다. 교사의 역할은 학생을 가르치는 것이 전부라고 생각하는 사람에게 선생님은 그저 '잘 가르치는 교사'와 '못 가르치는 교사'로 나뉜다. 그래서 이들은 학생을 사랑으로 품어주는 선생님을 만나기가 어렵다. 겉으로 보이는 역할만으로 관계를 인식하면 세상은 예외 없이 팍팍해진다. 지금 삭막한 세상을 살고 있다면 세상을 보는 자신의 관점을 먼저 돌아볼 일이다.

그렇다고 자신의 좋은 의도만 생각하면 배려는 빛이 바랜다. 다른 사람의 공감을 얻지 못하는 선의는 오지랖에 불과하다. 배려는 없고 오지랖만 넓은 사람은 상대방의 입장은 안중에도 없이 제멋대로 호의를 베풀고는 세상이 각박하다고 혼자서 한탄한다. 누구나 선한 의도를 갖는다고 믿는 사람은 세상이 각박하다고 말하지 않는다. 그래도 이 세상, 참 살만하다고 한다. 수십만 년 전부터 사회적 존재로 진화해 온 우리에게 상대방에게 감정적으로 무관심한 상태를 고수하는 것은 일부러 다가가는 일만큼이나 어렵다. 가까워지기까지 꽤 많은 시간과 노력이 필요함에도 불구하고 결국엔 '웃지 마, 정든다'는 말로 조심스럽게 곁을 내어주고 마는 것도 바로 그런 이유일 것이다.

간혹 어떤 상황에서도 절대로 곁을 내어주지 않으려는 상대를 만나기도 한다. 심지어 조심스럽게 내어 준 마음을 약점 삼아 상대방을 휘

두르려는 사람을 만날 수도 있다. 그때는 그 차가운 마음을 내가 어쩔 도리가 없다. 반면교사로 삼거나 오래 볼 사람이라면 곁에 두고 계속 정서적인 노력을 기울이는 수밖에 없다. 앞서 이야기 나눈 것처럼 사람은 분명 변하지만, 스스로 변한다. 우리가 서로 주고받을 수 있는 것은 기술이나 지식만이 아니다. 혼자서는 할 수 없는 것, 관계의 온기를 나누는 경험은 우리를 더 나은 사람으로 성장시킨다.

| 무심한 관점 : 편견, 무관심의 영역 |

감정적 무관심, 불신

전지적 관점 → 부정적 편견

최근 에세이를 한 편 읽었다. 지하철 계단에서 넘어진 노인과 그를 밀친 청년에 관한 이야기였다. 작가는 의도적으로 노인을 밀친 것처럼 보이는 청년의 사연도 안타까웠던 데다가 넘어진 노인을 무심히 지나쳐 온 것이 마음에 걸리는 모양이었다. 신학을 공부한 작가의 글에는 늘 사람을 향한 좋은 마음이 느껴진다. 읽는 내내 두 사람이 안타깝게 느껴졌지만, 문득 나 역시 분노든 연민이든 강렬한 감정을 느끼고도 전혀 개입하지 않고 지나치는 경우가 많았다는 사실을 떠올렸다. 바쁘게 계단을 오르내리던 사람들 중 누군가가 그 노인을 일으켜 주었거나 청년을 붙들어 세웠더라도 그런 행동이 항상 훈훈한 결말로 이어지는 것도 아니다. 오히려 자기 일 아니면 신경 *끄*라는 험한 말을 각오해야 할지도 모른다. 어느새 우리는 심장이 두근거릴 만큼 감정의 동요가 일어나는 상황조차 무심하게 지나치는 데 익숙해져 버렸다.

그런데 이런 상황은 지하철이나 버스에서 우연히 마주치는 사람들 사이에서만 일어나는 일이 아니다. 어쩌다 한번 만나는 고객에게는 더없이 따뜻하고 친절하지만, 매일 만나는 리셉션 직원이나 로비를 정리하시는 여사님과 나누는 눈인사에는 한없이 인색한 사람들도 있다. 마치 자신의 귀한 감정을 아무 데나 소모하지 않겠다는 굳은 의지를 갖고 있는 것처럼 보인다. 상대가 무슨 생각을 하고 어떤 행동을 하든지 자신에게 피해만 주지 않으면 상관없다는 '무심한 관점'으로 거리를 둔다. 배려하는 마음이 괜한 '오지랖'으로 오해받을 것을 감수하면서까지 파티션 너머의 동료와 가까워질 필요를 느끼지 못하는 것이다. 하지만 여기서 꼭 한 가지 기억할 것이 있다. 사람의 에너지는 한정적이어서 어디엔가 사용하면 반드시 다시 채워 넣어야 하지만, 감정을 공유하는 일만은 예외다. 따뜻한 마음은 여러 사람과 나눌수록 긍정적인 에너지가 증폭된다.

'무심한 관점'은 선입견에 휘둘리기도 쉽다. 다른 사람의 마음을 읽고 다양한 관점으로 이해해 보는 데는 시간과 노력이 필요한데 이것을 오로지 타인을 위해 자신이 감수하는 일이라고 생각하면 선뜻 귀한 시간과 에너지를 사용할 마음이 생기지 않는다. 그래서 한두 번의 경험으로 상대방을 속단하거나 다른 사람들이 하는 말을 그 사람의 전부라고 믿어버리고 쉽게 결론 내리게 되는 것이다. 이때의 선입견은 부정적인 편견으로 흐르기 쉽다. 사람을 대하는 태도가 경솔해지면 어디선가 그 사람에 관해 들은 이야기를 별생각 없이 전하기도 한다. 근거 없는 소문을 퍼 나르면서 들은 대로 전할 뿐이라는 무책임한 말을 거리낌 없이 쏟아낸다. '내가 들었는데'로 시작하는 말은 당사자의 의도를 전혀 고려하지 않았음은 물론이고, 심지어 자기 생각도 들어있지 않다. 우리가 누군가를 조금만 더 생각했다면 뜬소문은 처음부터 만들어지지 않았을지도 모른다. '무심한 관점'이 결국 사람을 망치고 관계를 멀어지게 만든다.

세상에 관계가 필요하지 않은 사람은 없다. 세계보건기구WHO는 건강을 '단순히 질병이 없는 상태가 아닌, 육체적, 정신적, 사회적, 영적으로 온전한 것'으로 정의하고 있다. 여기서 사회적인 '온전함'을 결정하는 요소가 바로 다른 사람과의 관계다. 하버드대학교 의과대학 교수 로 버트 월딩어Robert Waldinger는 좋은 인간관계가 건강과 행복을 좌우하는 결정적 요인이라는 것을 오랜 연구를 통해 밝혀냈다. 최초의 연구 대상 724명 중 60여 명이 생존하여 지금도 연구에 참여하고 있는데, 조사를 시작할 때 참가자 대부분은 삶의 목적을 부와 명예라고 말했지만, 이들이 50대 후반이 되었을 때, 건강한 삶의 첫 번째 조건으로 '인간관계'를 이야기하기 시작했다. 내가 행복해지는 비결은 역설적이게도 상대방에게 진정한 관심을 쏟는 것에서 시작한다.

| 맹목적 관점 : 맹목적, 전지적 관점 |

'선한 의도'를 보려는 정서적 노력

전지적 관점 → 긍정적 편견

누구나 마음속에 '선한 의도'를 품고 있다. 가끔 서툴게 그 마음을 꺼내놓았다가 상처를 받기도 하고 자신도 모르는 사이에 누군가에게 상처를 주기도 한다. 그래서 관계로 연결되기 위해서는 상대방의 선한 의도를 보려는 '정서적 노력'이 필요한 것이다. 그런데 그 마음이 지나치면 상대를 보는 관점이 유연성을 잃고, 관계는 한순간에 맹목적인 것으로 전락해버린다. 이때는 상대방을 아무리 친밀하게 느끼더라도 그 관계는 건강하지 못하다. 월드 스타를 쫓아다니는 사생팬의 맹목적인 관심이나 부모가 자식에게 주는 조건 없는 사랑과 헌신이 도를 넘어서면 오히려 관계를 망친다. 가까이서 항상 지켜보고 있다는 사실만으로 내가 아는 전부가 그의 모든 것이라고 믿거나 그도 나와 항상 같은 마음이어야 한다고 생각한다면, 이것은 어쩌면 상대에게 자기중심적인 관계를 강요하고 있는 것인지도 모른다.

우리는 변화를 두려워하는 것만큼 익숙한 것을 지키고 싶어 한다. 자신에게 소중한 것은 항상 변함없는 진리라고 믿고 같은 상태를 끝까지 고수하려고 애쓴다. 그러나 설령 상대의 새로운 모습을 보게 되어도 '그럴 리 없다'고 손사래 치지 않고 자연스럽게 받아들일 수 있어야 건강한 관계다. 햇살이 좋은 날 창가에서 온종일 턱을 괴고 앉아 있다 보면 나도 모르는 새 아침 해는 중천에 올라 대낮이 되고, 달과 별이 뜨는 저녁이 온다. 아침 해가 석양으로 물들어가는 자연스러운 과정을 천천히 보아야 깜깜한 밤하늘에도 별이 보이고 달이 보인다. 관계의 변화를 있는 그대로 받아들이지 못하면 자신이 예상치 못한 상황에 마주쳤을 때 갑자기 천지가 깜깜해진 것 같은 두려움을 경험하게 된다. 관계가 자연스럽게 변하는 과정을 뭔가 잘못된 것이라고 착각하고 이전으로 되돌려놓을 방법을 고심하기도 한다. 만일 그렇게 고민해서 관계가 회복된 것처럼 느껴진다면, 그것은 관계의 회복이 아니라 퇴화다.

　건강한 관계를 유지하려면 한 가지 더 유념할 것이 있다. 상대방의 '선한 의도'가 늘 좋은 결과로 이어지지는 않는다는 점이다. 맹목적인 신뢰는 상대방을 이성적으로 판단하는 눈을 흐리게 만든다. '선한 의도'를 보려는 마음이 상대방을 잘 알고 있다는 착각으로 흐르지 않도록 항상 다양한 관점을 유지하는 것이 중요하다. 믿는 도끼에 발등 찍힌다는 말이 있다. 믿었던 사람이나 심지어 한때 자신에게 선의를 베풀었던 고마운 사람에게 사기를 당하는 경우는 수도 없이 많다. 선입견을 경험으로 검증하면서 '이성'이 만들어진다는 가다머의 말처럼 다양한 관점을 유지하기 위해서는 언제나 이성을 함께 작동시켜야 한다. 상대방의 선한 의도를 믿는다는 것은 눈과 귀를 닫고 맹목적으로 상대를 믿는 것과는 다르다. 소중한 관계일수록 '이성'이 제대로 작동할만한 적당한 거리를 유지하는 것이 필요하다.

　한 가지 관점에 매몰되면 가까이 볼수록 초점이 흐려진다. 이때는 적당히 떨어져 보면 어렴풋하던 것이 다시 또렷해진다. 코로나로 온 세상이 떠들썩하다. 오프라인 모임들이 속속 화상 미팅으로 대체되고, 예전 같으면 직접 만나서 해결해야만 했던 일을 전화나 이메일로 문제없이 처리할 수 있다는 사실이 여전히 놀랍기만 하다. 이렇게 간결해진 소통 방식과 더불어 사람들의 관계도 훨씬 담백해졌다. 무엇보다 물리적으로 거리를 두고 보니 습관적인 관계에서는 보지 못했던 새로운 점들을 발견하게 된다. 서로의 '선함을 믿는 마음'이 진정한 관계의 시작이라면 좋은 관계를 유지하는 비결은 상대를 보는 '유연한 관점'을 유지하는 데 있다.

다시, 사람 보는 눈

우리는 각자의 경험에 따라 다양한 인식의 틀을 가지고 있어서 같은 것을 보면서도 서로 전혀 다르게 인식한다. 그런데도 서로를 잘 이해한다고 생각하는 누군가와 끈끈하게 연결되어 있다. 어떻게 이런 일이 가능한 것일까? 학벌이 좋거나 비상한 머리를 타고나야 사람들과 관계가 좋다는 이야기는 지금껏 들어보지 못했다. 누군가 산전수전 공중전의 전리품으로 '사람 보는 눈'을 얻었다면 그것은 단지 많은 사람을 만났기 때문만은 아닐 것이다. 하나부터 열까지 극과 극이어도 그 모습 그대로의 상대가 소중하다는 것을 알게 되는 데에도 엄청난 노력이 필요하다. 이 역시 시간이 흐른다고 해서 저절로 알게 되는 것은 아니다.

웬만한 상가에는 부부 클리닉이 없는 건물이 없고, 지금 이 순간에도 인간관계를 주제로 수많은 강연이 열리고 있다. 관계를 키워드로 하는 자기계발서에 밑줄을 그어가며 책장을 넘기는 사람들은 수험생 못지않게 열심히 관계를 공부한다. 관계는 경험을 통해 학습된다지만 당장 뛰어들어 경험할 용기를 내지 못하는 사람들마저도 관계를 공부하는 데 시간과 에너지를 아끼지 않는다.

이처럼 소중한 것을 지키는 데는 항상 그만큼의 노력이 필요하다.

오히려 왠지 끌리는 사람이나 귓전에 종소리를 울려줄 것 같은 인연을 기대한다면 운명의 상대를 만나기보다는 우연을 가장한 사기꾼에게 걸려들 확률이 훨씬 높다. 귀한 인연일수록 절대 저절로 찾아오는 법이 없다. 서로를 물과 기름이라고 생각했어도 상대의 마음을 읽어보려 애쓰고, 유연한 관점으로 상대를 바라보면서 관계의 변화에 적응하려고 노력할 때 전혀 다른 두 사람이 끈끈한 관계로 이어진다. 우리는 그 마음을 '진심'이라고 말한다. 무슨 말을 어떻게 하든지 상대방이 자신의 진심을 알아줄 것이라고 믿을 때, 오해에 대한 두려움과 평가에 대한 부담이 사라진다. 설령 상대가 예상한 대로 행동하지 않더라도 그 마음을 헤아려 이해할 수 있다. 작가는 독자를 믿고, 남편은 아내를, 아내는 남편을 신뢰하는 마음, 자녀와 부모, 동기와 이웃 간에도 적용되는 관계의 원리는 모두 같다. 서로를 온전히 믿는 마음에서 솔직한 이야기가 시작된다. 그리고 상대방도 나와 마찬가지로 나의 진심을 알 것이라고 믿는 순간부터 관계가 깊어진다.

나와 너는 오직 온 존재를 기울여서만 만날 수 있다.

온 존재로 모아지고, 녹아지는 것은 결코 나의 힘으로 되는 것이 아니다.

그러나 나 없이는 결코 이루어질 수 없다.

'나'는 '너'로 인해 내가 된다.

내가 되면서 '나는 너'라고 말한다.

모든 참된 삶은 만남이다.

- 마르틴 부버 '나와 너' -

오늘도 나와 일상을 함께 채워가는 당신에게,
당신은 참 좋은 사람입니다.

2021년 새봄, 윤혜진 드림.

당신은 좋은 사람입니다

1쇄 발행	2021년 05월 20일
2쇄 발행	2021년 10월 27일
지은이	윤혜진
펴낸이	최익성
편 집	유정혜
마케팅	송준기, 임동건, 임주성, 강송희, 신현아, 홍국주
마케팅 지원	황예지, 신원기, 박주현, 이혜연, 김미나, 이현아, 안보라
경영지원	이순미, 임정혁
펴낸곳	플랜비디자인
디자인	롬디
출판등록	제2016-000001호
주 소	경기도 동탄첨단산업1로 27 동탄IX타워
전 화	031-8050-0508
팩 스	02-2179-8994
이메일	planbdesigncompany@gmail.com
ISBN	979-11-89580-86-5 03320

* 이 책은 저작권법에 따라 보호받는 저작물이므로 무단 전제와 무단 복제를 금지하며, 이 책의 내용을 전부 또는 일부를 이용하려면 반드시 저작권자와 도서출판 플랜비디자인의 서면 동의를 받아야 합니다.
* 잘못된 책은 바꿔 드립니다.
* 책값은 뒤표지에 있습니다.